地域社会の変容と福祉研究

山下 袈裟男著

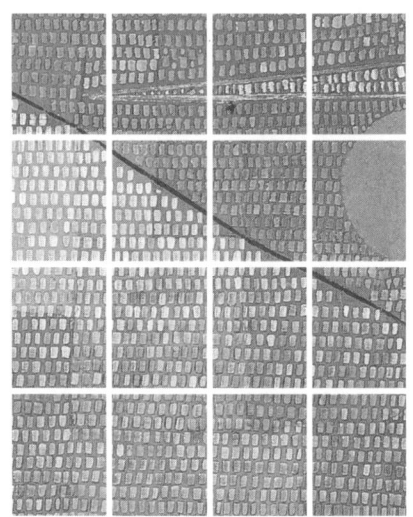

ミネルヴァ書房

はしがき

　私はこの１月で80歳になった。今日の日本人の平均寿命の伸びからすれば，80歳はそれほど驚くほどの年齢ではない。しかも100歳を超える日本人もかなり身近な存在になってきた。しかし他方では，親しかった友人や同僚との別れも次第に増えている。そんな訳で私にとって80歳はいよいよ人生の峠にさしかかった感じである。そんな人生の節目にあたって何か形にしておきたいと思い，折にふれて書いてきたもののうちいくつかをとりあげてひとつにまとめたのが『地域社会の変容と福祉研究』である。全体は二部からなり，第１部及び第２部とも４章構成からなっている。以下に簡単な解説を加えておきたい。

　　第１部　私と社会学・社会福祉研究
　　第１章　戦争と私
　本文中にもふれておいたが，これは東洋大学白山社会学会のパネルディスカッションで報告したものに，その前年，私が東洋大学を定年退職の折に最終講義として話した内容の一部を加えて手直ししたものである。学問的には世代論の素材としての資料提供であるが，内容的には，私の戦中の体験を通して，戦前の日本の国家体制や軍隊のしくみなど，戦争を知らない世代に伝え，現代社会を考えるうえで何らかの参考にしてもらえればという想いから書いたものである。
　　第２章　思想，学問，人生観
　これは私が東洋大学を70歳で定年退職の折に，所属する学部のはからいに応じて書いたもので，私が東洋大学に入学してから退職するまでの40有余年にわたる大学におけるさまざまな事柄を思想，学問，人生観等を交えていわば自分史的にまとめたものである。私の戦後の大半は東洋大学とともにあったので大学の発展経緯と併せて叙述した。なお，これは私の古稀の会の折にその抜刷りを参加してくれた皆さんに配布したので，すでにかなりの人たちの目にふれて

いるものと思うが改めてとりあげた。
　第3章　ある福祉教育の記録―東洋大学社会福祉学科成立史
　東洋大学では1921（大正10）年4月に専門学部第4科に社会事業科（夜間）が設置されたが，1934（昭和9）年に一旦廃止に至っている。戦後，社会学部の創設の中で応用社会学科の一専攻として再び社会福祉教育が復活した。本章は戦前の社会事業教育と戦後の社会福祉教育に焦点をあてて論述したものである。社会福祉教育には，戦前，戦後を通して一つは実践的価値の領域ともう一つは科学的研究の領域が包含されているが，それが具体的にはカリキュラムに反映されている。しかもカリキュラムは時代の変化に応じて形成されている。本章では戦前，戦後を通して主要なカリキュラムを素材としてとりあげ，社会福祉学科成立への経緯と併せて福祉教育の実際を考察した。
　第4章　社会学と社会福祉研究―視点と方法
　これは1998（平成10）年，ミネルヴァ書房で出版した『戦後の社会変動と高齢者問題―実証的研究の軌跡―』の補遺として改めて書き下ろしたものである。4章の「はじめに」にも書いておいたが，もし上記の著作に再版の機会があったら，その折に補遺として追加したいと思っていたものである。補遺として改めて書き下ろした理由は，端的にいえば，研究の視点と方法をより詳しく明確にしたかった点にある。したがって本章では一つは「実証主義の社会学」として研究の対象と方法等を主にE. デュルケムの理論を整理して明示し，もう一つは「調査研究をめぐる若干の考察」として理論と調査あるいは実践とのかかわりについて私の考え方を明らかにしたものである。

　第2部　地域社会の変容と福祉研究
　ここでは戦後，私がそれぞれの時期ごとに関心をもって取り組んできた研究課題のうち，いくつかの論稿をとりあげて形にしたものである。第1章は1960年代，第2章は1970年代，第3章は1980年代そして第4章は1990年代から2000年代のものである。
　なお，各章の解説に入る前に私の研究上の立脚点について少しくふれておきたい。第1部第2章で明らかにしているが，私は当初，社会学部社会学科に所

属していた。社会学部創設後は応用社会学科社会福祉学専攻の授業も兼担するようになった。そして1964（昭和39）年には社会福祉学専攻に所属替えとなった。このような経緯から私の学問研究も社会学の他，社会福祉研究の必要性に迫られた。

　ところで私が研究活動に入ったのは1955（昭和30）年頃で，当初は農村社会の研究に関心があった。ちなみに，私は同年5月に日本社会学会に入会，翌年には村落社会研究会に入会している。その後次第に広く福祉の分野にも目を向けるようになった。日本社会福祉学会に入会したのは1959（昭和34）年4月で，その翌年には日本老年社会科学会に入会している。こんな訳で私の研究は社会学を基礎に広く福祉の分野とかかわるようになった。なお，社会政策学会への入会はややおくれて1974（昭和49）年であった。

　以下の各論稿はそれぞれの時期にとりあげた課題の一端を示したものである。

　第1章　青少年問題対策と地域組織化

　青少年問題は今日，大きな社会問題となっているが，1960年代も青少年をめぐる諸問題は同じく社会問題の一つとして社会的に注目されていた。そんな折，東京都台東区からの社会福祉学専攻への調査依頼にもとづき1966（昭和41）年12月から翌年にかけて青少年問題にかかわる調査を台東区と共同で行う機会を得た。本章は，この台東区の調査事例結果を活用して課題に接近したものである。

　青少年の犯罪や非行等をどれだけ軽減したり，予防できるか。そのために行政，学校，家庭を含めた地域社会等がそれぞれどのように対応しているかが問われるが，ここでは行政側としては主に青少年問題協議会とその関連組織に，地域社会の側としては主に町内会とその関連団体に着目して，その両者の関係を軸にその課題に接近した。

　なお，台東区の調査結果を私なりにまとめたものとして次のものがある。「青少年問題対策に関する地域組織化と問題点」（『東洋大学社会学部紀要』6・7合併号，1968年3月，所収）。また，国レベルの対策機関としての青少年問題審議会は2001（平成13）年1月，省庁再編成の折に廃止された。現在，青少年対策の行政は内閣府政策統括官が担当している。

第2章　老年期の社会活動

　わが国で高齢者にかかわる諸問題，いわゆる老人問題が社会的に注目されるようになったのは戦後の昭和30年代の頃からであろう。社会問題としての老人問題への対応策として昭和38年には世界に類を見ない老人福祉法が制定された。同じ頃，日本には老年学・ジェロントロジーが勃興し，1958（昭和33）年には日本老年学会が成立している。老年学は，老人を対象にその老化に伴うさまざまな現象の研究—医学，生物学を始め社会諸科学，人文諸科学等，広範な研究領域を包含した諸科学の学際的研究を目指している。

　さて，本章のタイトル「老年期の社会活動」は，こうした老年学を前提として編集された著作の1章として私に与えられた課題であった。この課題に対して私は，社会学的観点から接近したもので，老年学との関連でいえば社会老年学の領域に属している。そしてここでは老年期の社会活動を二つの側面から考察した。一つは「余暇時間と余暇行動」，もう一つは「地域社会における社会参加の動向」である。これら二つを軸として老年期の高齢者の行動と実際を明らかにした。

第3章　自治体と地域福祉—埼玉県上福岡市の事例

　戦後，地域福祉論が登場してきた主要な背景の一つは，1960年代にはじまるいわゆる高度経済成長政策の結果，地域社会の伝統的生活様式や住民組織の解体ないし崩壊に直面し，地域社会の再構築ないし再編成の必要性に迫られてきたことにあろう。次いで，オイルショックを契機に国の財政赤字を背景に，社会保障制度の見直しが始まり，それ相応の負担を国民に求めるような制度改革が進展した。老人保健法の制定はその一つの現れであったし，老人福祉対策では金のかかる施設福祉対策より割安の在宅福祉対策へ重点が移ってきた。

　第3章は，丁度このような歴史的変革期に過疎の村落社会との対比を念頭に，過密な大都市近郊の一つの地方自治体である埼玉県の上福岡市に焦点をあて，その動向を主に地域福祉との関連を通してその実態を検証したものである。「地域福祉の構成要件」としては，次の3点ぐらいが主要な柱として考えられよう。

　1．地域社会の物的環境条件，2．社会福祉の対策として施設福祉サービス

のほか在宅福祉サービスの動向，3．組織化活動―行政組織内の連絡調整，住民組織の動向，行政と住民組織間の動向等，以上の要件を目安として次の四つの柱を設けて検討した。

1．市の概況と地域特性，2．市の福祉対策の概要，3．市行政の展開と地域福祉，4．地域住民の動向と市行政。但し，もとの調査事例はかなりの頁数があったので，可能な限り図表等を削除し，全体をもとの3分の2程度に縮小して調整した。

ところで上福岡市は2005（平成17）年3月の市町村合併に向って再編成するために2000（平成12）年4月に周辺の1市2町と法定合併協議会を設置したが，2003年11月に合併の是非を問う関係市町村の住民投票の結果は不成立に終わり，合併協議会は解散に至っている。なお，もう一つ付け加えるならば，本市は私が結婚直後に8年間ほど過ごして子育てにかかわった思い出の地でもある。

第4章　高齢者問題と在宅福祉

ここでは三編をとりあげた。

一つは1996（平成8）年のヨーロッパ福祉先進国訪問の記録である。

次は，2001（平成13）年に私の編著『在宅ケア論』からのものである。

そしてもう一つは2002年から2003年の初頭に実施した老人医療費にかかわる山村の調査事例である。いずれも高齢者が主たる対象で在宅福祉ないし在宅ケアの分野にかかわっている。以下に若干の説明をしておこう。

第4章の1　ヨーロッパ福祉先進国探訪―ドイツ，イギリス，スウェーデンの事情

われわれがこれら3国を訪問した時期は1996（平成8）年の夏であった。2週間という短い期間であったが極めて強い印象をうけたものが二つあった。一つはどの国も人間を大切にする姿勢が福祉の現場に根づいていると感じた点と，もう一つは，いずれの国も国家財政が厳しく，それに対してそれぞれ独自の対策を工夫している点である。この後者の点について要点のみについてふれるならば，たとえばドイツは，介護保険制度を創設（1995年1月）して介護費用の捻出と国家財政の軽減を図っている。イギリスでは地方自治体（県）の公共サービス部門にも市場原理を導入して公費の削減と効率化を図り，また膨大なボ

ランティア団体との協力により国家財政の軽減と福祉サービスの向上に努めている。スウェーデンでは，高齢者医療の中の介護部分を医療から分離させ福祉部門を担当する市町村の所管に移し，高齢者医療費の抑制と在宅ケアの拡充を図る試みがなされている。

ひるがえってわが国の福祉事情をみると，1990（平成2）年に，いわゆる福祉関係8法の改正が行われ，社会福祉制度創設時の仕組みと理念を見直し，ようやく基礎自治体である市町村が主体となって福祉サービスを提供できる体制が出来あがったばかりで，介護保険制度や民間非営利団体におけるNPO法人の創設とか，民間営利団体の福祉分野への本格的参入などは，まだ暫くの時間的経過が必要であった。その意味でこの3国の政策路線は，日本のその後の改革にとってモデルになっている。なお，本書掲載にあたり原文の一部を修正，加筆している。

第4章の2　在宅ケア論序説

今日，高齢者問題対策はその集大成ともいうべき公的介護保険制度が成立し，全国の市町村で実施されている。今年は丁度5年目になった。

さて，編著『在宅ケア論』は主に高齢者問題とのかかわりで保健・医療・福祉の総合的対策の必要から生まれてきた政策論と実践に注目し，併せて介護保険制度を中核にすえて要援護高齢者等の支援の対策を在宅ケアの観点から考察したものである。

ところで，本章の「在宅ケア論序説」は，上記著作の第1章「在宅ケアの意味と成り立ち」にあたるところで，私が担当した章である。本章は次のように3節から構成されている。すなわち，1．在宅ケアの意味，2．在宅ケアの成り立ち，3．在宅ケアの枠組み，がそれである。要するに在宅ケア論を考える基本的枠組みを概説したものである。ところで本章は，「在宅ケア論」の第1章をとりだして独立させたので，これを機会に全文を改めて再検討し直し，ミスプリはもちろんのこと，部分的な文章の修正・加筆及び必要に応じて文章の書きかえ等の手直しをした。

第4章の3　老人医療費問題と在宅福祉――長野県泰阜村の事例

ここにいう老人医療費とは，老人保健法にもとづく老人医療にかかわる費用

はしがき

であるが，老人医療費の動向は，周知のように人口高齢化の進展とともに増大の一途をたどり看過することのできない課題になっている。

　本調査事例は，このような老人医療費の動向に注目し，老人医療費の低い地域を選定しその実態を検討することにより，今後の老人医療費の適正化に資することを目指した。そして全国で老人医療費の最も低い長野県に注目し，次いで県内でも医療費の低い町村グループのうち泰阜村(やすおかむら)を研究対象とした。

　この村では何故，老人医療費が低いのか，これが求める課題であった。そのために次の手順で検討した。1．泰阜村の概況，2．村の財政と保健・福祉施策，3．泰阜村の在宅福祉と老人医療，4．高齢者のアンケート調査。以上により本章は泰阜村の事例を通して老人医療費問題を考察した。

　以上，本書の各章について一通りの解説をした。第1部は僅か4章であったが，ここでは科学，思想，人生観といったいわば私にとって基本となる考え方にかかわる論稿からなっている。第2部では，戦後の社会変動を前提にそれぞれの時期において私が関心をもって取り組んだテーマにかかわる論稿からなり，私の研究生活の一端を示した。

　さて，最後になったが，このような多岐にわたる論稿を快く引く受けて出版にまでこぎつけて下さったミネルヴァ書房の杉田啓三社長と編集部の五十嵐靖さんに心から謝意を表する次第である。

　2004年4月

山　下　袈　裟　男

目　次

はしがき

第1部　私と社会学・社会福祉研究

第1章　戦争と私
1　戦中派世代―少年時代の社会的背景 …………………………… 2
2　軍隊生活寸描（スケッチ）………………………………………… 4
3　戦後の出発点 ……………………………………………………… 7
4　日本の軍隊と戦後民主主義 ……………………………………… 7

第2章　思想，学問，人生観
はじめに ……………………………………………………………… 10
1　思想，価値について ……………………………………………… 10
2　社会学科時代 ……………………………………………………… 14
3　応用社会学科から社会福祉学科時代 …………………………… 18

第3章　ある福祉教育の記録―東洋大学社会福祉学科成立史
1　戦前の社会事業教育 ……………………………………………… 26
2　戦後の社会福祉教育 ……………………………………………… 40

第4章　社会学と社会福祉研究―視点と方法
　　　　―『戦後の社会変動と高齢者問題―実証的研究の軌跡―』の補遺として
はじめに ……………………………………………………………… 71
1　実証主義の社会学 ………………………………………………… 72
2　調査研究をめぐる若干の考察 …………………………………… 78
結びにかえて ………………………………………………………… 82

目 次

第2部　地域社会の変容と福祉研究

第1章　青少年問題対策と地域組織化
　　はじめに ………………………………………………………… 86
　　1　青少年対策をめぐる行政機構 ……………………………… 87
　　2　行政と地域住民組織 ………………………………………… 90
　　3　町内会組織と行政 …………………………………………… 92
　　4　住民の生活防衛活動と行政 ………………………………… 94

第2章　老年期の社会活動
　　はじめに ………………………………………………………… 97
　　1　余暇時間と余暇行動 ………………………………………… 98
　　2　地域社会と社会参加 ………………………………………… 101
　　3　結びにかえて―新しい老年文化を求めて ………………… 105

第3章　自治体と地域福祉―埼玉県上福岡市の事例
　　はじめに ………………………………………………………… 109
　　1　市の概況と地域特性 ………………………………………… 110
　　2　市の福祉対策の概要 ………………………………………… 115
　　3　市行政の展開と地域福祉 …………………………………… 120
　　4　地域住民の動向と市行政 …………………………………… 125
　　総　括 …………………………………………………………… 139

第4章　高齢者問題と在宅福祉
　　1　ヨーロッパ福祉先進国探訪―ドイツ・イギリス・スウェーデンの事情 …… 147
　　2　在宅ケア論序説 ……………………………………………… 155
　　3　老人医療費問題と在宅福祉―長野県泰阜村の事例 ……… 174

　　索　引 …………………………………………………………… 193

初出一覧

第1部
第1章 「戦争と私」(『東洋大学白山社会学会会報』No. 15, 1996年11月, 所収)
第2章 「定年退職にあたって―思想・学問・人生観」(『東洋大学社会学部紀要』第31-2号, 1994年3月, 所収)
第3章 「東洋大学社会福祉学科の成立とその背景」(『東洋大学社会学部紀要』第30-1号, 1993年3月, 所収)
第4章 「社会学と社会福祉研究―視点と方法」―『戦後の社会変動と高齢者問題』の補遺として―, 書き下ろし

第2部
第1章 「青少年対策と地域組織化」(『青少年問題』青少年問題研究会編, 1968年11月, 所収)
第2章 「老年期の社会活動」(湯沢雍彦編『老年学入門』有斐閣, 1978年4月, 所収)
第3章 「地域福祉をめぐる自治体の動向と問題点―埼玉県上福岡市の事例を通して」(『東洋大学社会学部紀要』第23-1号, 1986年1月, 所収)
第4章-1 「刻々と変化する高齢化先進国の高齢者福祉サービス事情」(『季刊エイジング』第14巻第3号, エイジング総合研究センター, 1996年12月, 所収)
第4章-2 「在宅ケアの意味と成り立ち」(山下袈裟男編『在宅ケア論』みらい, 2001年4月, 所収)
第4章-3 「老人医療費問題と在宅福祉―長野県泰阜村の事例」書き下ろし

第 1 部

私と社会学・社会福祉研究

第1章

戦 争 と 私

　この題名は1995（平成7）年12月16日に開催された東洋大学白山社会学会のパネルディスカッション「戦後50年と私」において報告した時のものである。シンポジウムの趣旨は，多分世代論のための素材提供にあったように思う。しかし，同じ話題でより詳しい内容については，その前年，1994（平成6）年1月12日に私が東洋大学を定年退職の折に最終講義として話をしている。そこでここでは最終講義で語った内容の一部を加筆し改めてまとめてみた。

1　戦中派世代——少年時代の社会的背景

　はじめに，私が軍隊に入隊するまでの社会的背景について少しくふれてみたい。戦中派世代としたのは，一つには現役で軍隊に入隊した最後の世代（1924年生まれ）に属し，また，少年時代をいわゆる15年戦争の中で成長してきたという点にある。私が小学校に就学したのは1930（昭和5）年4月であった。翌年9月に満州事変が起きる。翌32年1月に上海事変，同年5月に首相暗殺等の5・15事件，同36（昭和11）年2月に一部軍部のクーデターによる2・26事件，つづいて翌37（昭和12）年7月，日中の全面戦争に発展，そして同41（昭和16）年12月，日米開戦による第二次世界大戦となった。

　私は義務教育と中等教育の時期を，これら戦争過程と共に歩んできた。こんな関係で軍隊に入隊する前に，私はすでに熱烈な愛国的青年になっていた。日米開戦前後の新聞，ラジオ等のマスコミの報道はセンセイショナルなもので，息づまる緊張と興奮をいまも忘れることはできない。それが間違った戦争であることに気付かず，日本の聖戦を信じての興奮であったと思う。私は軍隊への

第1章 戦争と私

（昭和18年11月16日夕刊『朝日新聞』）

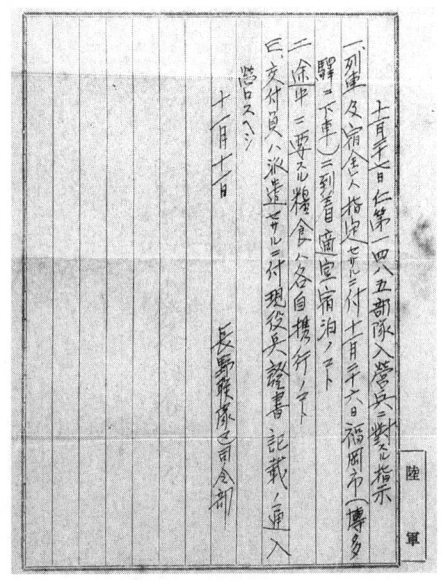

（「召集令状」の一部）

　入隊直前は小学校の代用教員であった。その頃，私が最も共感したものの一つはアジア諸民族の開放と共存を標榜した大東亜共栄圏の思想であった。これは太平洋戦争の頃から新聞紙上に登場してきた用語であったが，とくに私が強い印象をうけたのは，1943（昭和18）年11月の大東亜会議における大東亜宣言であった。これは大東亜共栄圏の思想を具体的に示したものである。いまその一端を新聞の記事から拾ってみよう（昭和18年11月16日夕刊朝日新聞参照）。

　同43（昭和18）年11月16日の朝日新聞には一面の見出しに「大東亜共同宣言中外に闡明」と大書し，その下の枠内に「大東亜共同宣言」の記事を下記のように載せている。この会議に集まった国は，日本，中華民国，タイ国，満州国，フィリピン共和国，ビルマ国（現在のミャンマー），それに非公式ではあったがインドの自由假政府主班が参加している。そして宣言の前文の冒頭に「各国が其の所を得相倚り相扶けて万邦共栄の楽を偕にするは世界平和確立の根本要義なり」とあるが，この文言は私にとって最も重く受けとめたところであったし，また前文の末尾に「大東亜を米英の桎梏より開放してその自存自衛を完了し……」の文言は，戦争の目的がアジアの開放を目指しているものと強い感銘を

3

受けたものである。

2　軍隊生活寸描（スケッチ）

　明治時代（明治5年11月徴兵告諭）から敗戦に至るまでは，男子たる者は21歳になった時，誰でも徴兵検査を受けることになっていたが，私の時は年齢が1歳繰り下げられて20歳であった。検査基準には甲，乙，丙，丁の四つのランクがあって，甲と乙は必ず兵役についたが，丙と丁は虚弱の体力の理由から基本的には兵役をまぬがれていた。私はいうまでもなく甲種合格として徴兵の対象となった。
　さて，私は1944（昭和19）年11月に長野連隊区司令部から同月11日付の入営のための召集令状を受け取った。そしてこれには「入営兵に対する指示」としてほぼ次のような内容が示されていた。「列車とか宿舎は指定しないが，11月26日福岡市（博多駅下車）に到着して宿泊すること，途中の糧食は各自携行のこと，交付員は派遣しないが，現役兵証書の記載通り入隊せよ」といったものだった。
　こうして私は，1944（昭和19）年11月末日に博多に集合，3・4日間の逗留により検疫等を済ませたあと佐世保港から対馬海峡を渡り釜山に上陸，ここから朝鮮半島を縦断して中国に入り，瀋陽（旧奉天），北京，石家荘，鄭州を経て洛陽まで列車で大陸を横断し，洛陽から2日間の行軍のあと部隊の駐屯地・龍門に到着し，入隊した。入隊した部隊は北支派遣軍仁第1485部隊の独立山砲で，3中隊から構成され，私は1中隊に所属していた。初年兵の150名は各中隊に50名ずつ配属になった。
　ところで龍門の位置は，洛陽から西方にあたり，黄河の上流で，これをさらに遡ると当時八路軍と呼ばれていた毛沢東軍の軍事上の要衝としての西安がある。それ故，龍門は軍事上の最前線に位置していた。龍門は外部と通ずる出入口として二つの門をもつ土塀の外壁で囲まれ，門内は住民の生活していた住区であったが，これを日本軍が兵営として使用していた。そして住居は土を煉瓦風に固めた，いわゆる日干し煉瓦を積み重ねて造られた土の家であった。われ

第1章　戦争と私

われはここで軍隊生活を送ることになった。

　初年兵教育には，軍事上の実践的・技術的教育と精神的教育が実施された。技術的教育には，一つは山砲の取扱い方法や実践の動作訓練等である。山砲は必要に応じて砲を分解して馬の背にのせて運搬させるので砲と馬のコンビネーションに習熟しなければならない。もう一つは馬の管理と運動でこれは日課であった。これらの訓練は黄河支流の河川敷で行われた。この対岸の丘陵には今日，世界文化遺産になっている仏像の石窟群があった。

　精神教育については，その拠り所となる教典は1882（明治15）年1月の「陸海軍軍人ニ下シ給ヘル勅諭」つまり，軍人勅諭であったし，さらにこれを補充した戦陣訓（昭和16年1月）であった。これらの内容については後述するが，少なくとも軍人勅諭の五箇条の条文は暗誦できなければならない。要は，天皇の兵隊としていつでも国家のために死ねる人間の養成にあった。それ故，何よりも規律が重視され，これに反した時はいつでも鉄拳が飛んでくる世界であった。そのためこれらの日課は厳格を極めたので肉体的・精神的疲労が重なり1カ月足らずで人間の自然の営みである性への欲求などはなくなり，また，情緒的障害をひきおこした兵隊もいた。なお，この地は日本のような四季はなく，春と秋が短く，夏は酷暑，冬は厳寒のいわゆる大陸性気候であったから，気候上からも厳しい生活を余儀なくさせられた。こうして半年後にはゲリラ掃討作戦に従事するようになったり，この時期以降，河川敷での訓練中に何度か米軍機による機銃攻撃を受けるようになった。

　ところで，敗戦を知ったのは，1945（昭和20）年9月中頃で，実際の戦争の終結より1カ月ほど遅かった。いま，その時の情景の一端にふれてみよう。

　ある日，兵隊が全員広場に集合させられた。はじめてみる部隊長から戦争関係は終わったことが知らされた。とくにソ連軍の連合軍への加担等も明らかになり，日本は現在，連合軍の統轄下にあることが話された。そして中国軍（連合軍）の指示のあるまでここにとどまるので，秩序を乱さず行動するようにの訓示がなされた。この訓示が終わった時，ウォーという一種独特な歓声が沸き起こり，兵隊は一斉に部隊の酒保（売店）や厨房になだれ込んだ。そして持てるだけの飲み物や食べ物を手にして広場に集まり，思い思いに円陣をつくって

話し込むといった全く思いもよらないような行動になった。誰も制止する者はいなかった。中には興奮して階級を示す襟標をちぎり捨てていた。それは敗戦による口惜しさとか哀しさなどといった感情ではなかった。むしろこれで生きて帰国できるといった開放感に溢れていたように思えた。ただ，話の端々にはこれからの生き方への不安も同居してはいた。そして私の脳裡に最初に走ったのは「俺はこれからどうするか」という自己にかえっていた。誰よりも愛国心があると自負していた己が簡単に私ごとについて考える自分にびっくりした。序でながら，当時の私は階級は最下位の二等兵であったが，入隊半年後に実施された幹部候補生選抜試験で甲種幹部候補生となっていたので，自己を表現する呼称は慣用上，候補生山下と名乗っていた。そんな訳である種のプライドもあり，愛国心も人一倍旺盛と思っていた。

さて，このあと部隊は中国軍の指示にしたがい，洛陽を経て鄭州まで撤退し，そこで武装解除を受けた。そして鄭州での抑留生活が始まったのは10月中旬であったと思う。当初は屢々，道路工事に動員され空腹に悩まされた。食糧は自前の糧秣に依存していたので極度に節約されたが，次第に食糧不足が顕著になった。一回の食事の量は，ほとんど野菜の入らない「すいとん」3～4個の塩汁とか，小麦粉を油であげたパン1枚とか悲惨なものであった。それ故，食べられそうなものなら何でも拾って口にした。正に動物の境涯であった。この時期にはエゴが生を支える大きな要件であることを知った。その上，情報不足での生活は私にとって地獄の生活であった。

こうして半年間の抑留生活のあと，1946（昭和21）年4月に鄭州から無蓋車の列車で上海に至り，ここで輸送船に乗りかえて佐世保に上陸した。佐世保では日本の空母が半分傾いて沈没しているのをみた。さらに列車で広島を徐行で通過した折，黒褐色の土や黒こげになったむき出しの木肌をさらす倒れた樹木が延々と続いている窓外の景観に息をのんだ。これがいわゆる原爆の跡であることを後になって知った。ともあれ，私は栄養失調の状態で帰国し復員した。

3　戦後の出発点

　私の戦後の出発点は，この戦争の意味を問うことから始まった。いいかえれば，この戦争は正義の戦争（聖戦）ではなかったのか。それならば「正義とは何か」を問うことから始まった。そしてこれに対する自分を納得させるのに約10年の歳月を要した。その要件の第一は大東亜共栄圏思想の成立とその背景の検証，第二は明治政府以降の朝鮮，中国，アジア等への日本の権益獲得の歴史的事実の検証，第三は補足的要件として民族，国家の興亡史の意味。

　今次の日本の戦争は聖戦ではなく侵略戦争であった。これはまぎれもない歴史的事実である。なお，私がこの問題にこだわったのは，極東国際軍事裁判において日本のみが裁かれたが，先進資本主義国家はいかに？という点にあった。近代史に限ってみても，世界史的観点からみたとき19世紀末から20世紀初頭にかけて先進資本主義国家はこぞって植民地争奪にしのぎをけずってきた。アジアにおいても中国周辺を舞台に列強が自国の権益獲得に狂奔していた。日本は日清戦争を契機に後発国としてこれに参加し，爾来，今次の大戦に至るもので，侵略については日本のみでなく先進資本主義国家も同罪であった。これが私の結論であった。そして正義（聖戦）などというものは相対的概念であることも知った。そこで次に改めて日本の軍隊と戦後民主主義について考えてみたい。

4　日本の軍隊と戦後民主主義

　日本の軍隊は皇軍，すなわち天皇の軍隊であった。このことが軍人たる者に厳しい行動規範を強いることになった。その規範を示したのがさきにふれた「軍人勅諭」であった。そしてさらにこれを補足強化し，具体的行動の指針を示したのが「戦陣訓」であった。「義は山嶽より重く，死は鴻毛より軽しと覚悟せよ」「凡軍人には上元帥より下一卒に至るまで，其間に官職の階級ありて統属するのみならず……下級のものは上官の命を承ること，実は朕が命を承る義なりと心得よ」。これらは「軍人勅諭」の中の一節である。

戦陣訓では，皇国，皇軍，軍紀等26の項目からなっている。「皇軍軍紀の神髄は畏くも大元帥階下に対し奉る絶対的随順の崇高なる精神に存す」「死生を貫くものは崇高なる献身奉公の精神なり」「生きて虜囚の辱を受けず，死して罪禍の汚名を残す勿れ」等々は上記項目の中の一節である。

　さて，私の受けた初年兵教育は，さきにもふれたように，一つは戦闘における実践的・技術的教育であったが，もう一つは，軍人として上記の文言に象徴されているような精神を日常的に身につけるための人間教育であった。これは正に機械の歯車のように，いつでも天皇のために死ねる人間になることが求められたもので，個性を徹底的に潰し，全体としての国家に奉仕する画一的人間教育であった。この点は単に軍隊教育だけでなく，戦前の学校教育の中にも存在した。その指針を示したのが1890（明治23）年の「教育勅語」であった。その核心は忠君愛国に集約されよう。天皇と軍隊，天皇ないし皇室と国民におけるこれらの関係を前提に，日本の社会は基本的には家制度ないし家の論理にもとづいたタテ型社会が形成されてきた。戦前の集団主義の根幹は，これらの思想のメカニズムに依存していたように思う。

　さて，戦後は敗戦を契機に，国民主権主義，基本的人権の尊重，平和主義の民主主義的理念による新憲法にもとづいた国家・社会の形成が図られてきた。戦後の道徳教育は戦前の修身・公民による徳目教育を廃して社会科で取り扱われることになった。その教育目標は自主的人格の養成，いいかえれば個人人格の完成という個人主義的思想にもとづいている。この点は軍隊における個性を否定する教育ないし，国家のみに奉仕する集団主義的思想と全く対照的である。個人主義は自己実現を求めるが，同時に他者を尊重するのでなければならない。現代若者論に，他者を単なる風景とみる無関心層が増大しているとの指摘もあるが，これは健全な個人主義の代わりに利己主義が顕在化したものと思う。今日わが国は，一方では集団主義の悪しき残滓が，他方ではエゴイズムが社会のさまざまな局面に顕れているが，これはわが国がいまなお，民主主義的理想に至る過程にあることを示しているものといえよう。

　これと関連して国家観についてはどうか？　世界史的観点からみれば，19世紀末から20世紀にかけては，国家は民族自決を前提に他国に依存しない強力な

国家—富国強兵に狂奔してきた。しかし戦後は何処の国家も一国のみでは国家の安全は成り立たず相互依存関係を深めている。田辺寿利は「社会科と社会学」(1)の中で，戦後の民主主義においては「国家は自己自体を目的としない，自己の上位的存在であるユマニテ，すなわち全人類の発達に貢献する国家でなければならない」と断じている。

　周知のように，ユマニテの思想は，A.コントの後期思想，実証政治学体系の中の秩序の思想として論じられた。後に E. デュルケムも教育の理念の中でとりあげている。田辺寿利は，上記著作の中でユマニテの思想は，かつては単なる概念にすぎなかったが，今日では具体的な現実になってきた。すなわち科学の対象として認識の射程内にあることを指摘している。

　冷戦崩壊後，世界の各地域で民族主義が再び沸き起こり，国際的な紛争の種となっている。しかし，大局的にみれば恐らくそれらの紛争も相互依存と共存の必要性から徐々に平和的秩序に向かうものと思う。多様性を前提とした共存の理念こそ，今後の地球的世界のあるべき姿であろう。歴史的・地理的条件の整った地域から共同体が形成され，全世界的な拡がりになることが期待される。ヨーロッパ諸国はヨーロッパ経済共同体（EEC）からヨーロッパ連合（EU）へ発展しつつあるし，アジアでも近年，アジア経済協力会議（APEC）が開催され，年々その協力関係が緊密化している。何れもこれらの動向はユマニテへのかすかな徴候といえないだろうか。幸い日本は平和憲法をもっている。国連の改革や核兵器を含む大量破壊兵器の削減や廃絶等の取り組みに有力な武器となろう。

　ともあれ，今次の戦争は，私にとってわが人生だけでなく，人間や国家とは何ぞやを考えさせる衝撃的大事件であった。　　　　　　（2002年1月記）

注
(1)　田辺寿利編『社会学大系』14巻「教育」1954年3月所収。

第2章

思想，学問，人生観

はじめに

　私は，1994（平成6）年3月末日をもって東洋大学を定年退職することになった。39年間，それに学生時代の6年間を加えると実に45年間の長きに亘り，東洋大学と共に過ごしてきたことになる。そして社会福祉学科では，私たち定年退職者のために学部紀要に特集を組むので，それに相応しいものを書くようにということであった。定年退職者のためにこのようなことが行われることは，本学部ではかつてなかったことであるから，当初はかなり躊躇し抵抗の気持もあったが，他方では，そのご好意に感謝しなければならないと思うようになった。

　そこで何を書くべきかに迷ったけれども，学科主任の山手茂教授のアドバイスもあって，私がこの大学にかかわりをもつようになった経緯から今日に至るまでのその時々に感じた想いを若干の側面から少しく綴ってみることにした。

1　思想，価値について

　「人の途は誠にさまざまである。若き日に自己の人生を計算し，それに基づいて計画的に一生を過ごしうる人など稀にしかいないであろう。中国での足かけ3年間の軍隊生活を終えて昭和21年4月に復員したとき，日本の社会には多種多様な思想が渦巻き混沌としていた。昨日まで正しいとされた考え方は，すべて否定され，新しい安定した思想はまだ現れていないままに，政治の貧困と

経済の破局的様相の中で虚無の深淵が大きく口を開けていた。そんな中で私を捉えたのは,『正義とは何か』という命題であった。私の人生の本当の始まりはこの時からであったといってよい。」

　この引用文は,1982 (昭和57) 年5月発行の東洋大学校友会報 (128号) リレー1000字随想に「人生の途」の題でのせた私の文章の一部である。

　私は,1946 (昭和21) 年4月,中国での抑留生活から開放され栄養失調の状態で日本に帰国した。家は農家であったから帰国後の食生活には不自由はなかったが,思想の領域では皆目見当がつかなかった。戦時中,われわれ青年を鼓舞したあの大東亜共栄圏の思想—アジア諸民族の解放と共存を標榜した思想—は,天皇制とのかかわりで悪の思想として否定されていた。どんな思想が正しいのか,この素朴な疑問のために,帰国後すぐ始めたのは,新聞の切り抜きと月刊雑誌類をできるだけ集め,その論調から正しい方向性を見定めようとしたことである。しかし,これは容易なことではなかった。「正義とは何か」の命題は,これから数年間,私の心に燃えつづけることになった。

　さきの文章をもう少しつづけてみよう。「当時,信州の上田市に高倉テルさんという偉いロシア文学者で共産主義者がいた。私がマルクスの思想を学んだ最初が,この人であった。マルキシズムの独得な論理に魅了されて,これだと歓喜していた頃,この地方では農地改革の嵐が吹きあれ,旧秩序が音を立てて崩壊する中で,人間の利害の争いを赤裸々に示してくれた。こんな状況の中で思想と実践の矛盾を感ずるようになり,180度転回してキリスト教を学ぶことになった。当時,ラジカルなプロテスタントであった一群の人達がいた。東京の鷺宮教会の牧師であった山本和さんもその一人であった。『キリスト教における実存と社会』という彼の著書に啓発され,東京に出て山本さんに教えを受ける機会を得て,キリスト教の壮大な思想に感動するのであるが,ここでもやがて思想と実践の矛盾に突き当たり,懐疑と絶望の中で実存哲学を思考するようになった。これがきっかけで東洋大学の哲学科で学ぶことになるが,一年後には社会学科に転科した。それはそこでは,さきの命題へのアプローチができなかったからである。そして社会学科で田辺寿利教授の教えを受けることになり,この問題に終止符を打つことになる」。

やや長い引用文であるが，ここで私の思想の遍歴の一端と東洋大学とのかかわりについて少しふれておきたい。

　私が帰国した時には，兄はすでに軍隊から除隊し，農家の長男として町の農業問題や青年団運動のリーダーとして活躍していた。その兄のすすめで，高倉テルさんのもとで学習会に参加する機会を得た。それがマルクス主義との最初の出会いであった。河上肇の『第二貧乏物語』を手にしたのもこの時期であった。そしてマルクスの思想のうち，とりわけ社会の一般的運動法則の説明としての唯物史観は，やや公式的ではあるが歴史の変動をみるのにきわめて合理的にみえた。しかし農地改革が具体的段階に入った時，農村における地主と小作をめぐる人間のもつ利害の争いとその背後にあって運動を指導する政党のあり方に疑問を感ずるようになった。そんな時，私に大きな刺激を与えてくれたのが，さきにあげた山本和さんの著作や赤岩栄さんの『人間，この逆説的なもの』といったプロテスタントの人達の著作であった。こうして山本和さんの教えを受け，教会の日常的実践活動に参加する機会を得たが，ここでも，さきの命題を解決することはできなかった。

　この過程で大学進学を考えるようになった。それは1949（昭和24）年のことである。この時期にはすでに殆どの大学は新しい学制制度に切り替っていたが，偶々，東洋大学では旧制度の予科制度がまだ残っていた。これを幸いに予科2年に編入学したが，この年の春に実施された新制高校卒業認定の国家試験にパスしたことから予科3年に再編入が認められ，1年間で予科を修了し，1950（昭和25）年には旧制度の文学部哲学科に籍をおくことになった。そしてさらに翌年には，旧制度最後の文学部社会学科に転科したのである。

　当時の東洋大学は，戦後の大学経営の揺籃期にあたり，旧制度の文科系大学から新制度の総合大学への移行期にあった。1949（昭和24）年度に新制度の文学部がまず創設され，次いで経済学部，2部短大の創設（1950年度），文学部2部及び大学院の創設，並びに経済学部2部の創設（1952年）などとつづいていた。

　大学の校舎は戦災を受けたままで，講堂，図書館のほか講義用の校舎は古い2階建の建物一棟と新築2階建ての木造校舎一棟のみの惨憺たるものであった。しかし大学全体は，新しい時代への息吹きが脈打っているように感じられた。

とりわけ社会学科は，秀れた教授陣容に恵まれ，また，学生も多様な経歴の持主が多く，活気に満ちていた。

さて，当時の授業科目はバラエティに富んでいたが，私が特に関心を持ったのは，田辺寿利教授のコント社会学の成立にかかわる講義であった。その背景には，西欧の思想が実に明快に位置付けられていた。マルクスの思想もその源泉は，キリスト教に対抗する17世紀のデカルト合理主義に始まることや西欧におけるキリスト教の存在とその社会的影響の大きさを改めて認識し，私が戦後，とりつかれた二つの思想は正に西欧における巨大な思想を系譜としていることを知り，驚きかつ，その思想との邂逅に感謝したものである。しかし，私が探し求めている命題は，いまなお未解決のままであった。うっかりした質問など出来ず，遂に意を決して田辺教授を下宿先である九段の東京学生会館にお越しいただくことにした。ここは，戦時中，近衛師団の兵舎であったが戦後は警察学校と学生会館として使用されていた（現在の武道館）。当時，私は学生会館では藤木三千人君と同室であったので彼と二人でこのプランを実施し，何度か夜を徹して広く社会学の話を聴く機会を得た。そして，この過程でわかったことは，正義などという問題は，価値の領域の問題であって，これは集団の異なるにしたがって異なるもので，絶対的なものなど何一つないということであった。こうして探し求めていた「正義」の正体は相対的概念であることを知り，はりつめていた心が急にしぼんでしまった。本気で，真実の正義があるならばそのためには死を賭してもよいと考えていたからである。こうして戦後の私の第1ラウンドは終った。

しかし，大東亜共栄圏の思想が否定されるべき理論的根拠についての理解には，なお，もう暫くの時間が必要であった。それは私が，田辺教授の「社会科と社会学」（田辺寿利編『社会学大系』14巻所収，1954年3月，石泉社）なる論文を手にした時で，社会学科の助手になった1955年前後の頃であった。本論文に接する機会を得たのは，本社会学大系（全15巻）の編集協力者の一人で，当時，社会学科主任であった米林富男教授から，本大系の校正と索引の仕事を委嘱されたことにもとづいている。（なお，共栄圏思想については，1994年1月12日の「最終講義」でとりあげた。）

2　社会学科時代

　私の第2ラウンドは，旧制社会学科時代から学部成立後の応用社会学科へ移籍するまでの時期である。

1) 学生時代

　哲学科から社会学科に転科した時期は，日本にとって大きな歴史的転回期であった。連合軍の日本占領の終焉と日米講和条約成立の1年前であったからである。私は当時，東洋大学学生自治会の中央執行委員長であった関係上，このような政治的動向には大きな関心があった。当時，官学を中心にした学生自治会の集まりは，いわゆる「全学連」で，この団体では，当時の活動として掲げていた中心テーマは，"日米単独講和条約粉砕"であったように思う。他方，私学には，いわゆる「私学連」の組織があったが，組織率も低く，その活動は主に各大学の自主活動に任されていた。そこで私は，個人の資格でオブザーバーとして全学連の活動に参加してその活動を観察した。当時，全学連は2つに分裂していて統一されていなかった。何れの派も，全国の各大学学生自治会の学生を勢力下におこうと争っていた。そして活動の過程でわかったことは，これはある政党の主流派と反主流派の抗争の反映のように思えるということであった。そこで私は全学連から離れ，私学としての独自の自治会活動を考えるようになり，その活動の中心を大学の復興においた。この年（1951年）の大学祭のスローガンは，「復興祭としての大学祭，平和祭としての大学祭」として大学創立64周年を祝った。大学復興による学生生活の学習条件の整備こそ緊急の課題と考えたからである。

　さて，自治会活動とは別に社会学科に転科した当初は，社会学について殆ど知識がなかったこともあって，最初に受けた農村社会学の授業では，農村の類型や農村社会の集団分類などの講義が多く，私にとっては余りにも形式的で虚しいものに思えた。農村問題の核心は，農民がどんなに一生懸命に働いても一向に生活がよくならない農業の仕組みであって，その対策研究こそ優先される

べきと思っていたからである。この点は，いまなお基本的課題と思っている。こんな訳で私の関心は，思想とのかかわりから田辺教授のフランス社会学をきく機会が多かった。これが契機で卒業論文は，田辺寿利，米林富男両教授の指導のもとに，「J. S. ミルのイソロジー（Ethology, the Science of the Formation of Character）について」をとりあげた。はじめての論文作成であったが，イギリス思想史を背景に，大陸思想，とりわけフランス思想との関連を通して，ミルの社会学構築のプロセスをイソロジーとの関連でまとめた。この思想的研究は，後にイギリス新救貧法（1834年）成立の背景を理解するのに大いに役立った。

　このあと，米林教授の薦めによって大学院にすすむことになったが，大学院時代でとくに印象に残る授業は，戸田貞三教授のそれであった。それは田辺教授の社会学的観点との対比で全く対蹠的であったからである。これを哲学上の概念でいえば，レアリズム対ノミナリズムの系譜の相違となろう。それだけに社会学研究のあり方を学ぶよい刺激になった。ちなみに，戸田教授が演習で使用したテキストは，R. E. Park and E. W. Burgess "Introduction to the Science of Sociology, 1921" であった。

　修士論文は，学部時代と同じく田辺，米林両教授指導のもとに，H. スペンサーの「社会有機体説について（On the Theory of the Social Organism）」をとりあげた。スペンサーの社会有機体説は，個人主義の強いイギリスの国柄から，全体主義的にはならないところにその特色があるとともに，この研究を通して，生物有機体の研究区分―解剖学と生理学―が社会学の研究区分に大きな影響を与えていることを知った。デュルケムの社会学体系における研究区分にもそれをみることができよう。

2）助手，専任講師時代

　1955（昭和30）年4月，社会学科の助手に，その2年後の1957（昭和32）年には専任講師となり，1959（昭和34）年の学部創設後も社会学科に属していた。しかし，1962（昭和37）年度に社会福祉学専攻コースが成立してから本専攻の拡充がはかられ，その一環として1964（昭和39）年4月から応用社会学科の社会福祉学専攻に所属替えとなった。

さて，この頃は国の政治は保守合同による自民党政権の確立と日米新安保条約をめぐる保守，革新の対立，いわゆる55年体制の幕開けの時代であった。
　他方，大学はこの時期，最大の経営危機にあったが，法学部（1956年），社会学部（1959年），そして工学部（1961年）の開設と矢継ぎ早やに学部の開設がなされていた。これらの開設のうち，最も大きく東洋大学の運命を左右したのは工学部の創設であろう。この成功とその後の高度経済成長と大学進学率の上昇が経営危機を解消する大きな要因であった。
　大学の経営危機を最も端的に示す出来ごとは，月給の遅配と遂には一時的ながら欠配の事態に至ったことである。それは1958（昭和33）年10月から暮れにかけての出来ごとであった。この点については坂本市郎（経済学部教授）の「白山今昔物語・2」（『フィロス東洋』4号所収，1991年7月，44～45頁）にくわしい。
　ところで，工学部創設にあたり，その成立と経緯について，すでにいろいろ語られてはいるが，一つだけ抜けている点がある。それは田辺寿利教授と渋沢敬三さんとの関係である。私は縁あって1956（昭和31）年に恩師田辺寿利教授の三女と結婚したが，そんな関係で時々，神奈川県平塚の田辺家にお邪魔したものである。1960（昭和35）年に校友で詩人の勝承夫さんが理事長になった頃のことであるが，勝さんほか何人かの理事の方が田辺家を屢々訪問している。これは端的にいえば，田辺教授を通して財界に大きな信頼のある渋沢さんに，財界の援助，協力をとり付けてほしいという要望であった。渋沢さんは，学問，文化の振興に理解のある財界人で，すでに民族学，民俗学，社会学などの研究のために支援をしており，田辺教授とは親交があった。こんな訳で，田辺教授からの渋沢さんへの働きかけが成功し，結局，大学の要望が受け入れられることになった。日立や安田などの財界が大学のうしろ立てになったことが，この時期の経営危機を乗り越えた最大の要因であった。
　大学はこのような財政状態にあったが，次々に新学部は開設され，大学全体には活気がみなぎっていた。とりわけ，社会学部創設前後は一種の熱気さえ感じられた。それは恐らく，社会学部創設にかける教職員たちのロマンに満ちた熱意と実践力によるものであろう。

第2章 思想,学問,人生観

　外に対しては,この時期にいくつかの学会が賑々しく開催されている。1959（昭和34）年2月には,関東社会学会と日仏社会学会共催で,エミール・デュルケム生誕百年記念として「フランス文化講演会」を東洋大学で行っている。演者には田辺寿利教授の「デュルケムと現代思想」及び馬場明男教授の「わが国におけるデュルケム研究─文献を中心に」の講演が行われた。また,その翌年6月には,日本社会福祉学会関東部会大会が東洋大学で行われている。
　共通研究テーマは,「社会事業と貧困」であった。そして1962（昭和37）年11月には,日本社会学会が同じく東洋大学で華々しく開催された。シンポジウムのテーマは「日本における政治の社会的基底」であった。
　これらの事例は,この時期における大学の意気込みを示した好例のように思う。翻って私個人の研究でこの時期に忘れることのできないのは,酒井俊二,大津昭一郎両君と共に,わが信州・佐久地方の一つの村の調査をじっくりやったことである。70戸程度の集落のモノグラフィクな調査を,日本における長年の村落研究の成果とデュルケムの社会学理論をかみ合わせて,2年程の年月をかけて行った。この成果の一つが,『社会学部紀要』第1号所収（1960年3月）の「稲田養鯉村における土地所有と村落構造」であった。この調査研究の主眼は,明治以降の各戸の土地所有の変遷と役職関係の動向分析及び本・分家の系譜と労働,生活関係の依存関係を通して村の支配の構造を明らかにすることであった。
　日本の農村もこの時期以降大きく変貌するが,その原型をかなり明確に把握できた点は,その後の日本農村の変化を理解するのに大いに役立った。なお,大津君は1990（平成2）年11月に他界されたが,彼とは助手時代からの同僚であった。改めてその冥福を祈りたい。
　また,もう一つこの時期に想い出のある論文としては,『社会学部紀要』第3号所収（1962年12月）の「デュルケムとジンメル─実証主義的社会学と形式社会学─」がある。これはA. キュヴィリエの「フランス社会学はどこへ行く」の著書の附録に掲載された「La sociologie et son domaien scientifique, par Emile Durkheim」の論旨を手がかりにデュルケムとジンメルの学説の特色を明らかにしようとしたものである。実は,この原書については,生前,田

辺教授が大学院の演習で使用したものであるが，完結しなかったこともあって何とか形にしたいと思っていた。その田辺教授もこの年の1月にこの世を去っていたので，この論文をまとめた時にはある種の感慨を覚えたものである。なお，本論文作成にあっては福鎌忠恕先生のご指導とご助言を得た。

3　応用社会学科から社会福祉学科時代

1）助教授時代

　1963（昭和38）年には，社会学科の2人の同僚とともに助教授に昇格したが，その翌年には社会学科から応用社会学科，具体的には社会福祉学専攻に所属替えとなった。その理由の第1は，近く社会福祉学専攻に大学院（修士課程）をつくるので，そのための人事であること，第2は専攻の充実を図り，さらに将来は福祉学専攻の中核となって働いてほしいということであった。これは当時の学科主任が学部長からの伝達として私に知らせてきた内容である。この時点で，私の研究，教育の方向は大きな変更を余儀なくされたのである。しかし，その伏線はすでにしかれていたように思う。1962（昭和37）年に学科課程別専攻コースが設置されて以来，私は社会福祉学専攻コースの演習（2年次）1科目を割当てられて担当していた。

　さて，社会福祉学専攻の専任として最初の年度に私が担当している科目を社会学部講義要項からみると，1年次から3年次まで演習各1ずつ及び3・4年次対象のコミュニティ・オーガニゼイション（前期）となっている。このうち2年次，3年次の演習はいずれも W. A. Friedlander: *Introduction to Social Welfare* (1961) の原書講読で2年生には歴史的部分，3年生には援助方法の部分を割当てている。この原書講読については，すでに前年度から実施していたものを継続したものである。正直いうと，この頃は私にとって社会福祉について，学問としての全体像は殆ど把握されていなかった。すでに孝橋正一，岡村重夫などのすぐれた研究書が出版されていたが，これらが社会福祉学研究においてどのような位置と学問的意義があるかを認識するのは，まだ先のことであった。それより，まず福祉先進国でのこの学問に対する考え方を検討してお

第2章 思想，学問，人生観

こうとフリードランダーの原書をとりあげたのである。

　私が社会福祉に多少とも関心をもつようになったのは，学部創設により，応用社会学科の中にその学問的分野があることを知り，この時期に日本社会福祉学会に入会したことが始まりであった。それに学部創設時に専任教員として就任された塚本哲さんが，かつて書かれた著書『社会福祉』の改訂版を出版するにあたり，社会学科の若手教員に分担執筆させたが，その一人として私も一章を担当したことが，この学問を考える契機になってはいる。

　しかし，最初に社会福祉に関する書物に接した印象では，それらは社会学を研究してきた立場からみると，誠に頼りない魅力に乏しいものに見えた。それは，恐らく社会学における学説史のような理論的分野が欠如していたからであろう。

　ところで，私が社会福祉学専攻の教員として授業を担当しはじめた頃には，学部における社会福祉学専攻の位置付けとの関連で教師の間に社会福祉についての学問的性格の理解に一種の混乱があったように思う。

　たとえば，社会福祉学専攻は応用社会学科の一部門であるから，社会学の応用科学として成立し，したがってまた，社会学体系の一部門であるといった解釈がそれであろう。これらの考え方が学生間に流布したため，それでは社会学と社会福祉の関係はいかに，あるいは社会福祉の基礎理論は何かなどが大いに議論されていたように思う。この点については，1964（昭和39）年11月20日発行の『社会学部会報』第27号に，専攻問題—社会福祉の巻—にその一端が見られる。

　さて，この議論にあたって，重要なポイントは，社会福祉学という学問は，社会学だけに限らず経済学や心理学など多くの諸科学を基礎科学としているという点である。したがって，社会福祉を社会学体系の一部門として位置付けるならば，それは社会福祉学ではなく，福祉社会学と呼ぶべきであった。そして大事なことは，社会福祉学専攻は，社会学の応用というより，東洋大学社会学部では，社会学を主要な基礎科学として位置付けたということになろう。

　このように，当時，社会学部を社会学科と応用社会学科に区分した学部構成は，わが国では先駆的な事例であったこともあって，これと関連して社会福祉

19

学の性格をめぐって混乱を惹きおこしたが，これは社会福祉学の学問論に一つの問題提起となった。

この頃，学生との関係でいえば，学生からの要望のとくに強かったものは，専任教員の増員についてであった。

学部に専攻コースが成立した頃は，社会福祉学専攻の専任教員は僅か3名であった。そして大学院修士課程成立時には，ようやく5名となった。増加する学生数に比べて専任教員数は少なく，非常勤講師に依存する割合が多かった。その結果，望ましいカリキュラムを組みにくく，これが結局，後の大学院博士課程や学科づくりのためのプレッシャー要因となった。

ところで，この時期，私の研究としては，社会学を基礎に次第に社会福祉の分野を対象とする調査研究が多くなったが，とりわけ老人問題がその中心となってきた。それらの調査研究のうち，とくに思い出に残るのは，1965（昭和40）年11月第6回日本老年社会科学会大会のシンポジウムのテーマ「農村と老人」に応えるため学会からの委託調査研究として熊本県の四つの農漁村を厚生省人口動態統計調査部の村井隆重さんらと共同調査研究を行ったことである。この調査は16年後，もう一度，村井さんと追跡調査を実施した。東洋大学『社会学研究所・年報』第15号（1983）所収「経済・社会変動に伴う農家生活の変容と老人の意識について」はその研究の一部である。

また，村井さんとの関係で，厚生省科学研究費により，奄美群島における人口動態に関する委託調査を東大の利谷信義さんや，小林和正さんなどと実施した。この調査研究は，『厚生の指標』第16巻第11号（1969年10月）所収「奄美群島における人口動態統計をめぐる諸問題」として発表している。村井さんとはこのほか，いくつかの調査を共同で行ったり，社会福祉学専攻の社会調査などの科目も担当してもらっていたが，数年前，突然，他界されてしまった。誠に残念なことであった。

なお，この時期に忘れることのできない大きな出来ごとがあった。それは大学紛争の渦中にあって精魂を傾けて正常化に努力されてこられた恩師米林富男教授のご逝去であった。先生は早くからマスプロ教育の弊害を訴えその打開に腐心されていたが，教養課程の川越移転をめぐる大学紛争の中で生涯を閉じら

れた。それは1968（昭和43）年5月のことであった。こうして，この時期までに私は2人のわが人生の師であり，学問の師であった田辺，米林両教授を喪うことになった。

2）教授時代・自立への途

　1970（昭和45）年4月に教授に昇格したが，いま振り返ってみると，この時期は私が東洋大学に入学してから定年退職するまでの丁度，中間地点にあった。しかし，印象としては前半はやや短く，後半はいろいろな事柄が多かっただけでなく，責任も重くなったためか，前半に比べるとやや長く感じられた。

　たとえば，大学院博士後期課程の開設（1978年）やそれに続く学科づくり（開設は1992年）がその例である。前者は開設までに7年間，後者は12年間といった長い道のりであった。しかし，よい結果が得られたことで，もどかしさはあったが，苦しかったという印象は殆どない。

　これらの設立過程については，すでに『東洋大学社会学部紀要』第30―1号で詳しく解説したので省略するが，これらの過程で非常に幸運であったのは，いろいろの側面で人間関係に恵まれたことである。さきの博士課程設置にあたっては，時の学部長福鎌忠恕教授の積極的な支援が得られたし，学科づくりではその仕上げの段階で，古くからの同僚であった藤木三千人学部長の強力な推進によって達成できた。この他，大学院の人事問題などむずかしい局面では，学内だけでなく，広く学外の友人，先輩の助言など求めたものである。日本社会事業大学の吉田久一教授には屢々，これらの件でお世話になった。たとえば，今岡健一郎教授を淑徳大学からお迎えできたのも吉田久一先生のご助言があったからである。これがご縁でのちに，吉田久一先生を本学の専任教員としてお迎えすることができたのである。なお，今岡健一郎教授については，孝橋正一教授のご退任後は社会福祉学専攻の中心的存在として重責を担われたが，後に病を得て現役のまま他界された。誠に残念の極みであった。

　また，この時期に自らの意志により，設立に努力したものとして白山社会学会がある。これは本学の学部の卒業生及び大学院の修了生を中核に，学部の専任教員の有志を主要な会員とする学会組織で，1983（昭和58）年11月に発足し

た。しかし，この前身は古く，1963（昭和38）年4月には白山社会学研究会の名称のもとに，主に大学院修了生12～13名程度で発足し，3回の研究通信を出したまま，立ち消えになっている。丁度，大学紛争に差しかかった時期でもあったことも発展しなかった要因の一つであろう。その後，1972（昭和47）年頃この件の復活を考え，何回か有志による会合がもたれたが，規約案を作成したままになっていた。そうしてようやく本物の学会が成立したのである。現在，会員数は180余名，研究例会を年4・5回，年1回の大会，そして隔年ではあるが学会誌，『白山社会学研究』第3号まで発刊し，何とか形になりつつある。いま一寸息切れ状態にあるが，さらに一工夫を重ねて一層の発展を願っているところである。

　さて，私が教授に昇格した時期は，正に大学紛争の真っ只中にあった。そしてこの紛争が一応納まったのは，私が学部長を辞めた1983（昭和58）年の頃であった。大学紛争もその最初の契機は，マスプロ教育の解消を前提にした教養課程移転計画にあった。その移転先の最初は川越市で，次いで朝霞市となったが，これらの移転問題を契機に紛争状態は両期間合わせて15年間に及んでいる。これは教職員を含めた大学側も学生側にも不幸な出来ごとであった。教育の場が同一校地であることは望ましいことであるが，学部増設との関連でそれは不可能であった。当初の学生の運動は素朴な移転反対であったが，次第に国家体制批判との関連で大学の在り方を問うイデオロギー闘争が加わり，その活動は熾烈になっていった。このイデオロギー問題は別にして，学生の提起した個々の問題のうち，いろいろ尤もと思う点も多く，改めるべきは改めてきたが，これらのうちとくに私の関心のあったものは，カリキュラム編成についての学生の要求であった。そのポイントは，選択科目の範囲を拡大してほしいというものであった。この点については，専任教員数の増員と併せて考慮してきたが，今日，学科のカリキュラムは社会福祉士としての専門教育が一つの柱となっていることから，この点について，なお工夫を重ねることが必要のように思っている。

　なお，こうした紛争状態が長く続いたため，教授会についていえば学部長選出の方法なども，文学部社会学科時代の話し合いによる役職者の選出方法をそ

第2章 思想，学問，人生観

のまま踏襲してきたという状態であった。

　それは流動的な学内状勢にあって，一つはいわゆる大学当局に対し，もう一つは学生自治会に対し，適切に対応できるか，どうかが，教授会における学部長推薦の一つの重要な要件であったように思う。そしてこの推薦は大抵，年輩者の意見によって決まった。私は，その推薦方式によって選ばれた最後の学部長であった。そして，私が学部長を辞めた年度からは学生自治会も平常化している。さらに 2・3 年前遂に，東洋大学で最も強力であった社会学部学生自治会も最後の学生自治会として解散している。いわゆる日本的集団組織の代表の一つでもある学生自治会の崩壊は，正に今日の国際的，国内的状況の反映といえよう。そして教授会もまた，紛争時の険悪な空気は一掃され随分と和やかなふんいきになった。教員数も増加し，しかも多彩な人材が集まっている。しかし，学生自治会が消滅している現在，学生のニーズは全体として捉えにくくなった。この点にも配慮した新しい時代にふさわしい教授会運営を期待したいと思っている。

　最後に若干，個人的研究についてふれておきたい。

　社会福祉学専攻の教授になってから，7 年目にして，ようやく社会福祉に関する私なりの考え方をある程度形にしたのが，1977 年 6 月川島書店発行の共編著『社会福祉論―その課題と展望』であった。本書の執筆者は，当時，東洋大学と立正大学で教鞭をとっていた研究者10名によるもので，本書は，一方では社会福祉の概説的側面をもつが，他方では研究的課題を盛り込むよう工夫した。その評価はともかく，私にとっては，この段階での社会福祉についての考え方を一応整理できたと思っている。本書作成にあたり，福祉思想として最も参考になった文献は，A. トインビーによる "Lectures on the industrial revolution of the eighteenth century in England"（1920年）であった。これは，いまなお，私の福祉思想の源泉となっている。なお，この出版がまた一つの契機となって，幸運にも，本書の執筆者の一人であった，吉沢英子女史を後に専任教授としてお迎えすることができたのである。

　次にもう一つふれておきたいのは，老人福祉にかかわるもので，それは同じく川島書店による編著『老人福祉―その現実と政策課題』（1983年 9 月）がある。

23

老人福祉の研究は，老人問題がようやく社会的に注目されるようになった1960年代から個別の分野で研究調査をしてきたが，ここではそれらを老人問題の全体から体系的にまとめたものである。執筆者は16名で，研究者と現場の実務者による総合的研究書を目指したものである。内容的には多少精粗はみられるが，当時としては，老人福祉論の研究体系として一つの範型を示すことができたと思っている。この延長上にあって研究体系を多少修正したのが，放送大学のラジオ講座で使用している編著『高齢者の福祉』（1991年3月）である。両著とも理論的側面については，基本的に必要と思われる点のみに止めてあるが，この点についてはいずれ組織的に論述したいと思っている。
　以上，この時期における代表的な研究方向について述べたが，これはまた，私の担当した科目が社会福祉学概論と老人福祉論であったこととも関連している。
　本来，私にとっては，学問の原点は人間の生活にかかわる問題であると考えているので，それは総合的視点が要求される。したがって社会学のような説明科学だけでなく，ソーシャル・ポリシィといった政策的科学も併せて視野において考察しなければならないと思っている。しかも，今日は，社会的事象は地球的規模から考える思考方法も不可欠の要件となっている。与えられた生の営みがある限り，これからは好きな分野について研究ができればと思っている。正直なところ，いままでは，落着いて研究できる体制ではなかった。内外の諸変動のもと，ゆれ動く大学の中で学生の教育と大学行政のはざまにあって，走りながら考えてきたといった印象である。
　なお，もう一つこの時期に忘れることのできないものとしては，田辺寿利著作集の編集にかかわったことである。本著作集出版のため，未来社と最初に話合いがもたれたのは1974年12月のことであった。何回かの会合の結果，全5巻，別巻（訳書）3巻を企画し，第1巻の配本を1979年10月として発足した。そして第1巻の責任編集を私が担うことになった。第1巻は最初の範型を示す意味でその責任は極めて重かった。そのためこの出版には全力を傾注し，とりわけ，出版予定年の夏休みは人名，事項索引作成のため全部このために時間をさいた。こうして出版予約の1カ月遅れで第1巻が出版できた。その後第3冊目（1982

年）までは順調に進んだが，4冊目が大幅に遅れ，最後の巻に入る直前に，不幸にも未来社社長の自動車事故死により，本著作集はストップした。本著作集出版にあたっては，福鎌忠恕教授をはじめ多くの先生方，同僚の皆さんのご協力により，ともかく第4巻までは完成できたことを，本著作集発起人の一人として，また責任者として改めてお礼を申し上げたい。

　ところで，振り返ってみると，いろいろな事柄が次々と走馬燈のように過ぎ去っていく。それにしても，私の人生は誠に不思議というほかない。戦後の殆どの年月を東洋大学とかかわってきたからである。それは全くの偶然なのか，あるいは一種の宿命だったのか，それは私にはわからない。　（1994年1月記）

　注
　(1)　田辺寿利著作集第5巻は2001年11月に出版され著作集は完成した。

第3章

ある福祉教育の記録
――東洋大学社会福祉学科成立史――

1　戦前の社会事業教育

はじめに

　戦前には社会事業と呼ばれ，戦後は社会福祉事業といわれている社会福祉にかかわる諸制度は，基本的には資本制社会における広い意味の社会問題に対する対応策の一つとして一定の社会的役割を荷っている。そしてこれらの諸制度を支えるためには多くの従事者が必要である。今日，社会福祉施設で働いている従事者だけでも534,000人（1984年現在）[1]に達している。そしてこれら従事者に対する教育はさまざまな教育機関によって実施されている。

　さて，本稿では戦前のいわゆる社会事業時代といわれる時期の社会事業教育の一端として大学の専門的教育の成立過程とその展開の動向を通して検討し，この時期の社会事業教育の実態について考えてみたい。

　わが国の社会事業の成立の時期は，いわゆる独占資本主義の成立期でもある大正中期以降といわれているが，これは具体的には社会事業にかかわる行政組織がこの頃から整備され，施策の内容も拡大してきたことに由来しよう。

　わが国の社会事業に関する行政が内務省の所管になったのは1900（明治33）年であったが，1918（大正7）年に救護課として一課を設け，社会事業にかかわる業務を分掌するようになった。そして1919（同8）年12月には救護課を社会課と改称し，さらに1920（同9）年には社会局として独立している。また，1918（大正7）年6月に設立をみた内務大臣の諮問機関であった救済事業調査会も，1921（大正10）年には社会事業調査会と改称し，その内容も拡充して

第3章　ある福祉教育の記録

表1　社会事業施策体系（大正9年）

大分類	中分類（件数）	小分類	細目
社会事業	一般的機関（46）	連絡統一機関／調査研究並教育機関／委員制／援助機関	
	窮民救助（79）	院内救助	養育院／養老院
		院外救助	（自宅給与、災害救助）
	特別救護（17）	傷病兵救護／軍人遺子其他子弟教養／其他軍人遺家族援護	
	医療的保護（99）	病院及療養所	施療病院／施療を兼ねる病院／精神病院／結核療養所／癩療養所
		診療所／委託診療事業／実費診療事業／病者慰安／衛生思想普及	
	経済的保護（434）	職業紹介／授産／宿泊救護／住宅供給／公設市場／簡易食堂／公設浴場／公益質屋	
	社会教化（57）	矯風事業	禁酒運動／婦人救済
		隣保事業／人事相談／動物虐待防止／其他	
	児童保護（451）	胎児乳幼児保護	妊産婦保護（無料産婆／産院）／乳児及幼児保護（児童相談所／保育所）
		就学児童保護	貧児教育（学校、夜学校／子守学校／学童保護）／戸外学校
		労働児童保護（補習教育）	
		娯楽及教化（児童遊園其他）	
		特殊児童保護	児童鑑別／児童一時保護／被虐待児保護／養育事業／感化事業／異常児保護（盲唖教育／盲唖保護／吃音矯正／低能児白痴教育）／病児保護

注：（　）内の数字は同年度における事業種別数。
出所：『社会事業要覧』社会局，1923（大正12）年5月，5-8頁（千代田印刷）。

表2　研究所及び職員養成所名（大正11年）

社会事業講習会	内務省社会局
免囚保護事業講習会	東京市麹町区西日比谷町輔成会内
社会事業職員養成所	埼玉県北足立郡大門村武蔵野学院内
社会事業研究所	東京市京橋区築地本願寺内
保護事業職員養成所	東京市麹町区西日比谷町輔成会内
女子社会事業研究所	京都市上京区京都幼稚園内
社会政策講習所	東京市芝公園24号地芝中学校内
社会政策短期講習会	東京市麹町区丸ノ内仲通六号館協調会内
社会事業講習所	東京市東本願寺内
東洋大学社会事業学科	東京市小石川区原町17番地
日本女子大学校社会事業学部	東京市小石川区高田豊川町
協　調　会	東京市麹町区丸ノ内仲通6号館
大原社会問題研究所	大阪市南区天王寺伶人町
救済事業研究会	大阪府庁社会課内
仏教徒社会事業研究会	東京都深川区西平野町1　浄土宗労働共済会内

出所：『日本社会事業年鑑（大正11年度版）』文生書院，30頁。

いる。

　このように1920（大正9）年前後には，社会事業の組織化が行政機関を通して進展し，同時にその施策の内容も拡大している。ちなみに，同年末の社会局による社会事業の施策体系をみると表1の通りである(2)。なお，括弧内の数字は同年度における事業種別数の動向である。

　さて，社会事業従事者の教育問題がにわかに盛んになったのは，正にこの時期以降であった。内務省ではすでに1908（明治41）年以来，感化救済事業講習会を年1回ずつ開催してきた。そして同年には社会事業講習会と名称を改め，引きつづき講習会を継続しているが，この時期に至るまでは，社会事業従事者のための教育機関はこのほか一，二を除いてほとんどみるべきものはなかった。しかるに，1919（大正8）年，国立感化院に感化救済事業職員養成所（1920（大正9）年より社会事業職員養成所と改称）が設置されると，これを契機に主として民間にさまざまな教育機関が生まれてくる。そして従来の講習会は比較的短期（1週間～10日間）であったが，この頃以降に設置されたものは長期（4カ月～7カ月）のものが多くなっている。

　表2は1922（大正11）年度版の『日本社会事業年鑑』に掲載されている研究所及び職員養成所名の一覧表である(3)。

第3章　ある福祉教育の記録

　これらのうち，大学関係では東洋大学と日本女子大学に社会事業の独立した学科ないし学部が創設されていたことを示している。このほか日本大学や東京女子大学その他一，二の大学において社会事業に関する講座が設けられている。
(4)
なお，宗教学校における社会事業の講座を開講していたのは宗教大学（現大正大学），仏教大学（現龍谷大学），及び日蓮宗大学（現立正大学）等となっている。
(5)
　東洋大学社会事業科（夜間）は1921（大正10）年に創設されたが，この創設は社会事業成立期における社会事業教育の一環を構成したことは勿論のこと，研究所や社会事業養成機関と異なり，3年間という長期にわたる社会事業に関する専門的教育を実施する点において画期的なものであったし，また行政側の期待も大きかったものと思われる。その意味では本社会事業科の設置とその展開は，戦前のわが国社会事業教育の動向をみる一つの有力な指標ともなろう。
　しかし，他方では東洋大学は私学であるので，社会事業科設置にあたり，一つは建学の理念ともかかわりが存在するであろうし，また直接にはこの設置と展開に関与した人たちの動向に大きく左右されよう。それ故，これらの諸要件を前提として，東洋大学における社会事業科設置から廃止に至る経緯をあきらかにし，標記の課題に接近してみたい。

1）社会事業科（夜間）設置への過程と社会事業従事者教育
　周知のように，東洋大学は井上円了によって1887（明治20）年，哲学館として創設された。井上円了は哲学館の創設にあたって，哲学を諸学問の基礎として捉え，哲学の普及と啓蒙をその創立の目標においている。
　この哲学には東西両洋を含むが，東洋哲学については仏教を基礎としている。そしてこの哲学の普及・啓蒙の対象は庶民の子弟であった。哲学館創立趣意書には「世の大学の課程を経過する余資なき者並に原書に通ずるの優暇なき者のために哲学速歩の階梯を設け，1年乃至3年にして論理学，心理学，倫理学，審美学，社会学，宗教学，教育学，政理及法理学，純正哲学，東洋諸学及び是等と直接の関係を有する諸科学を研究するの捷経便路を開かんとす」とある。
(6)
ここに創立者の意図をみることができよう。この姿勢は大学教育の枠内だけにとどまらず，一般大衆の啓蒙にも及ぶのである。いわゆる「巡講」といわれる

円了の後半生の14年間にわたる迷信打破，道徳教化の社会教育的な啓蒙実践活動はその象徴的あらわれである。

さて，哲学館は1903（明治36）年，専門学校令による私立哲学館となり，また1906（明治39）年には私立東洋大学と名称を変えたが，現行の東洋大学の名称になったのは1920（大正9）年であった。この間，井上円了は哲学館館主として，また私立哲学館大学時代の初代学長として大学の基礎を創るが，1905（明治38）年12月学長を辞任，翌1906年から長期にわたる巡講による啓蒙活動に入り，1919（大正8）年大連で客死している。

さて，このような経緯の中で，1921（大正10）年に社会事業科が設立されるが，この学科設立に至るまでの社会事業にかかわる事柄をやや広く捉え，社会教育的分野をも含めて考察するならば，まず，1905（明治38）年に京北幼稚園の開設がある。そして1908（同41）年以降にその動きが次第に活発になっている。その一つは出張講演会等の社会教育的活動が盛んになっている点である。1908（明治41）年には東京の白木屋や松屋で3回にわたり講演会が開催されている。しかし，社会事業従事者教育とのかかわりでとくに注目したいのは，同41年から開始された内務省の感化救済事業講習会との関係であろう。第1回感化救済事業講習会には東洋大学の出身者が9名参加している。この講習会のあと大学では「感化救済事業出席者招待会」を開催している。これは大学がこの分野の動向にいかに関心をもっていたかの証左となろう。ただ同41年には感化法の改正がなされ，この年から感化院の設置が府県に義務づけられたこともその要件となろう。そして1912（明治45）年4月，専門部第1科（倫理教育諸科）の学科目改正が行われているが，この科目配置には社会教育及び感化救済事業従事者養成の目的をも含めたものとなっている。改正により新たに加わった科目は，第一年に生理衛生，第二年に応用心理学，法制経済，生理衛生，第三年に社会教育，社会学，社会衛生学，教育病理学，弁論学及び実習となっている。学科目改正の趣意書には「…今や研究を主としたる時代を経過して之が応用実行を重んじるべき気運に到達せり。是れ本学が従来の基礎上に立ちて更に大に広義の社会教育並に感化救済事業に関する各種の知識を与ふる新計画を立てたる所以なり。着実に現今の社会国家の要求を看守せよ。一般哲学及び宗教的修

養なるものの活動すべき範囲は広義の社会教育及感化救済事業の方面を添加し来れると疑ふべからず、されば本学這般の計画は其出身者をして学校教育と更に其以外に於て一層直接に現代が要求する所に赴き新活動の途に就かしめんとするものに外ならずというべし…」。とある。

　1917（大正6）年、東洋大学は創立30周年を迎えたが、この時期までに卒業生の総数は3,424名に達していたが、監獄教誨師及び感化救済事業に従事している者は194名となっている。これはさきの社会教育、救済事業従事者教育の成果を示すものといえよう。

　また、1918（大正7）年には、高田慎吾を中心として東洋大学救済学会が創設され、研究例会をはじめ、養育院巣鴨分院、宗教大学社会事業展覧会の視察、公開講演会の開催等を行っている。こうして東洋大学ではこの分野への関心を一層深め、やがて社会事業に関する専門学科設置の時期を迎えるのである。

2）社会事業科創設と社会事業教育

　社会事業科設置のための直接的契機になっているものと思われるのに「大学令」の発布がある。「大学令」は1918（大正7）年12月に発布されたが、翌1月には早くも「東洋大学基本金募集趣意書」が時の学長（第四代）境野哲の名によってつくられている。これは新大学令にもとづく大学昇格に必要な募金のための趣旨書であるが、同時にこれに3科—国語、漢学、仏学—からなる大学令にもとづく学部組織の計画が示されている。そしてその一つの仏学科に附随して感化救済科の設置が予定され、次のように述べられている。「仏学科は仏教各宗の教義及び其の歴史の研究を主とすると共に一面に於ては感化救済に関する社会事業の科目を設け独り理論の研究を目的とするのみならず、また実際活動の新方面を開拓せんことを期す。欧米における社会事業の研究設備の完備せることは已に識者の知るところ、然るに本邦未だ之に関する一大学をも有せざるは一大恨事なり、恐らくは本邦此の種の教育機関として唯一なり。本学の感化救済科をば更に一歩進めて真の大学たらしむることはまた国家に対する光栄ある一事業たるべきことを確信す」と。

　1920（大正9）年3月には、大学令にもとづく東洋大学昇格の手続きを完了

しているが，大学令による東洋大学の設立認可は1928（昭和3）年まで待たなければならなかった。しかし1921（大正10）年2月に学科の大改正が行われ，ここに社会事業科が文化学科と共に新設され4月から発足することになった。その改正された学科名，新設学科の教育組織をみると次のようになっている。

　大学部・第1科印度哲学倫理学科，第2科支那哲学東洋文学科，専門学部・第1科倫理学教育学科，第2科倫理学東洋文学科，第3科文化学科，第4科社会事業科（夜間）

　当時の「大学記事」(11)によれば，従来，東洋大学は，教育組織として大学2科，専門部2科からなっていたが，今回は専門部を専門学部として4科とし，大学部も専門学部もその研修学科の内容の改善とそれに相応して名称の改正をしたこと，そして新設学科については次のように記されている。「現今の思想問題社会問題を講ずる一般傾向が常に徹底的根拠を欠くの憾みあり，且つ現代の教育上哲学的常識普及の欠陥に顧慮する所ありてここに『文化学科』を創設し，哲学を中心とし文芸及び社会問題を研究対象とし次ぎに真に新文化の意義を領得せしむることとなり，これと同時に『社会事業科』を新設し，通学者の便宜のため特に夜学とし，事実上殆ど本邦に欠如せる社会事業に従事する実際的人物養成の目的を達せんとす」とある。そして文化学科には得能文教授が主任となり，社会事業科では富士川游教授(12)が主任に就任している。

　このように社会事業科については，1919（大正8）年の大学昇格「趣意書」に構想されていた仏学科に附随して創ろうとした感化救済学科に代わるものとして，この時期に夜間ではあったが，独立した，しかも社会事業という新しい名称の学科が誕生したのである。この名称の変更は，1920（大正9）年頃から公的機関で社会事業という用語を使用するようになったことと関連があろう。

　さて，こうして創設された社会事業科のカリキュラムにはどんな特色があったのだろうか。表3は創設時のそれである。

　学科目の構成は，実践道徳，基礎学科，実際学科及び外国語の4部門からなっている。今日の大学教育における教養課程と専門課程との関連でいえば，実践道徳と基礎学科及び外国語は前者にあたり，実際学科は後者に対応していることになるが，専門学部であることから，基礎学科は今日の広い意味の教養課

第3章　ある福祉教育の記録

表3　社会事業科創設時（大正10年）カリキュラム

専門学部社会事業科（夜学）

		第一年		第二年		第三年
実践道徳	1	実践道徳（境野教授）	1	実践道徳（境野教授）	1	実践道徳（境野学長）
基礎学科	16	心理学（高島教授） 論理学（出教授） 児童学（高島教授） 社会学（遠藤教授） 経済学（石川教授） 哲学概論（出教授） 倫理学（中島教授） 法学通論（西郷教授） 生理学概論（丸茂教授） 衛生学概論（丸茂教授）	7	仏教概説（境野教授） 変態心理学（担任未定） 犯罪心理学（担任未定） 教育病理学（富士川游教授） 犯罪学（担任未定） 教育学（担任未定） 刑事人類学（担任未定）	3	仏教概説（境野教授） 民族心理学（担任未定） 宗教学（柳教授）
実際学科	3	社会政策（担任未定） 統計学（担任未定）	12	社会政策（担任未定） 社会事業総論（担任未定） 社会事業史（担任未定） 児童衛生　｝（担任未定） 児童保護 女性生理 女性衛生　｝（担任未定） 女性心理 女性保護 労働生理 労働衛生　｝（暉峻教授） 労働者保護 保護教育（富士川教授） 感化制度少年法（富士川教授） 精神検査法（担任未定） 人体計測法（富士川教授）	15	社会事業各論（担任未定） 社会教育（担任未定） 職業倫理（担任未定） 社会問題（担任未定） 人類衛生学（富士川教授） 社会衛生学 　（暉峻，富士川游教授） 児童保護実習（担任未定） 労働者保護実習 　（暉峻，富士川游教授） 母性保護実習（担任未定） 免囚保護（担任未定） 精神薄弱者教育（担任未定）
外国語	4	英語	4	英語	4	英語
計	24		24		23	

出所：『東洋哲学』第28編第2号，57頁。

程というより，文字通り専門課程への基礎部門として位置づけられ，したがって実際学科は社会事業的実践のための専門的課程となろう。そして特に注目したいのは，第一年から第三年まで実践道徳の科目が配置されている点である。これは社会事業科の最も基礎となるもので，社会事業実践の要（かなめ）としての科目とみることができよう。そして基礎学科には第二年，第三年に仏教概説を配しているが，これは恐らく実践道徳を学的に裏付け補足することを狙いとしたも

のと思われる。しかも，これらの科目を学長境野哲が自ら担当している。こうした科目の配置は，井上円了以来の東洋大学の学問的伝統をひきついでいるように思う。なお，境野哲は哲学館出身で井上円了に直接薫陶を受けた一人である。

　他方，もう一つ注目したいのは，実際学科には社会科学系列の科目と並んで生理，衛生といった医学的側面にかかわる自然科学系列の科目が多くみられるが，これは社会事業科の科長としての富士川游に負うていよう。

　富士川は本来，医学者であったが，次第に社会的分野に関心を広げ，児童，婦人，貧困，宗教，迷信等社会的事象ないし問題に関する広い研究領域を手がけている。その学風は医学を基礎としている。東洋大学には1907（明治40）年頃からなんらかのかかわりをもっているが，とくに社会事業科設置の前後10年位が東洋大学における最も活躍した時期であろう。それは単に教師としてだけでなく，大学の経営にも参画している。

　さて，以上のような経緯で社会事業科は設置されたが，この新設学科に対して，当時の行政や実業界の関係者の反応はどのようなものであっただろうか。東洋大学は1921（大正10）年6月8日帝国ホテルにおいて「新設学科披露宴」[13]を行っている。来会者は100名を超え，大学関係者ほか各界の名士が多数参加している。

　内務大臣床次竹二郎，文部大臣中橋徳五郎，東京市長後藤新平をはじめ，実業界からは渋沢栄一，また社会事業界からは小沢一，呉秀三，田子一民，生江孝之，窪田静太郎，矢吹慶輝，渡辺海旭，富士川游等々となっている。

　いま内務大臣床次竹二郎の挨拶の一端を紹介してみよう。「先刻学長並びに顧問の方より承りましたご趣旨には一々御同感でご座います。…社会事業を取扱ふに精神的方面と物質的方面とを考えて取扱はなければ真実でない，それがために今日特に社会事業科を設けると云ふ事を断行致したいと云ふ御言葉には，最も敬服致すのであります…。願わくば学長の御趣旨が好く貫徹致しまして，どうか此の点に於いて東洋大学が特に各学校の中におきましても其の特色を発揮せられて所謂仏教に依て養い上げられた基礎の下に，他日大に其の光輝を放たれる様にありたいということを切に希望致します次第であります…。」[14]

第3章　ある福祉教育の記録

これは社会事業科設立の基本方針にかかわる内容にこたえたものであるとともに，東洋大学に対する期待がこめられている。同じく文部大臣，東京市長及び渋沢栄一等による挨拶が行われているが，いずれも新設学科に対する祝福とその将来への期待が述べられている。

3）社会事業科から社会教育社会事業科へ

　1921（大正10）年社会事業科は文化学科と共に，新しい時代に対応して確乎たる信念の下で華々しく発足した。そして1928（昭和3）年の大学令による大学の設立認可に至るまでは，社会事業科のカリキュラムは基本的には変化がなく，入学者ないし在籍学生数から判断しても一応順調な過程にあったように思う。表4は入学者ないし在籍学生数を示したものである。これによると1923（大正12）年には入学者数は80名となり，ピークとなるが，それから漸減はするものの激減とはなっていない。教授陣も創設時の富士川游を科長として高島平三郎，遠藤隆吉，丸茂猛，暉峻義等のほか，学年の上昇に伴い新しい人材を登用している。しかし，こうした過程の中で東洋大学にとって不幸な事件が起き，それが後に社会事業科の発展に何らかの影響を与えるようになったと思われる。それはいわゆる「境野事件」と呼ばれるもので1923（大正12）年5月に起きた学内紛擾事件である。事件の発端は境野学長の人事問題の処理をめぐる些細な事柄から，学内の教職員，学生，校友を二分する紛争にまで発展したもので，最終的には文部省による学長解職という異例の処置で収拾をみた事件である。

　大学令による大学昇格運動の推進と文化学科及び社会事業科の設置とその発展に尽力してきた境野学長は，この事件を契機に東洋大学を去っている。

　さて，1928（昭和3）年3月，東洋大学はかねてから懸案であった大学令による新大学の設立が認可された。そして時の学長中島徳三を中心として新しい大学の学制制度が創られている。いま，その学部組織をみると次のようになっている。

　まず，新大学の学部を文学部とし，これに哲学科，仏教学科，国文科，支那哲学支那文学科の四科をおき，その下に大学予科を新設している。次に，旧制度による大学部及び専門学部は一括して専門部とし，その存続年限まで授業を

35

表4 社会事業科入学者ないし在籍者数

1921（大正10）年	51名
1922（同 11）年	61名
1923（同 12）年	80名
1924（同 13）年	58名（但し在籍者）
1925（同 14）年	45名
1926（同 15／昭和1）年	34名
1927（同 2）年	30名（但し在籍者）
1928（同 3）年	43名（同上）

資料：各年度の『東洋大学一覧』による。

行うこととなり，新たに専門学校令による専門部として，倫理学教育学科，倫理学東洋文学科甲（第一部，第二部），東洋文学科乙（第一部，第二部），社会教育社会事業科（第二部）となった。そして文化学科は1930（昭和5）年に廃止となっている。

　以上のように，大学令による新大学の学部組織は，嘗って境野哲が構想したものとはかなり異なり，その分野が拡大している。また，社会事業科については，社会教育社会事業科と名称の変更とともに，カリキュラムも大きく変化している。カリキュラム（表5参照）についていえば，社会事業科では，実践道徳と仏教概説がペアをなしていたと思われるが，ここでは仏教概説がなくなっている。次に，生理・衛生等医学的基礎による自然科学系の科目が減少している。そして，学科名に相応しい社会教育と社会事業の各論の科目が配置されている。それにとくに注目したいのは，新しい科目として第一学年から三学年まで体操教練が配置されていることである。

　それではこの学科の名称の変更とカリキュラムの変化はどのような要因によるものだろうか。一つは社会教育制度の発展とのかかわりが考えられよう。もう一つは学内の人脈による変化が影響していると思われる。

　「社会教育」の語が法制上の用語として登場するのは1921（大正10）年で，それまでは「通俗教育」と呼称されていた。そして1924（大正13）年には文部省普通学務課の中に社会教育課が設置されるようになり，さらに1929（昭和4）年に社会教育局として独立することになる。なお，この間，1925（大正14）年12月には地方社会教育職員制が公布され，社会教育に関する地方行政事務に従

表5　昭和3年度カリキュラム

社会教育社会事業科

第一学年		第二学年		第三学年		〔備考〕
学科	一週授業時数	学科	一週授業時数	学科	一週授業時数	社会教育論
実践道徳 東洋論理史 西洋論理史	4	実践道徳 東洋論理史 西洋論理史	4	実践道徳 東洋論理史 西洋論理史	5	青少年教育 　成人教育 　感化教育 　図書館及博物館 　民衆娯楽 　その他
教育学	2	社会教育各論	2	社会教育各論	2	社会事業各論
哲学概論	2	論理学	2	教授法	2	福利事業
心理学	2	心理学児童犯罪	4	心理学（社会）	2	融和問題 　防貧及救貧
宗教及宗教学	2	生理学 教育原理	2	衛生学児童社会	2	児童保護 　母性保護 　その他
社会学	2	社会問題	2	社会政策	2	
社会事業	2	社会事業各論	2	社会事業各論	2	
経済学	2	経済史	2	経済政策	2	
法学通論	2	政治学又ハ行政法	2	社会法規	2	
憲法	2	商法	2	統計学	1	
民法	2	民法	2	刑法	2	
英語	4	英語	4	英語	4	
体操教練	2	体操教練	2	体操教練	2	
	30		32		30	

出所：『東洋大学一覧（昭和3年度）』12頁，13頁。

事する社会教育主事及び同主事補の制度が創られているし，また1928（昭和3）年には内務省の分担していた青年団体についての事務がすべて文部省へ移管している。このように，従来，社会事業と社会教育は未分化のまま推移してきたものが，この時期に制度上明確に分化するようになった。さきにふれた社会教育における地方社会教育職員制の制定時に，社会事業の側でも同じく，地方職員制の制定が行われ，社会事業並びに同主事補の制度ができている。こうした背景が社会事業科から社会教育社会事業科へとその名称を変更した有力な要因といえよう。

　次に学内の人脈については，境野事件の影響が考えられよう。『東洋大学八十年史』の一節に次のように記されている。「大正12年の騒擾事件は，境野哲

の学長退任で一応落着したが，境野擁護派と，反境野派の対立は根深く，その後，学長人事，政策運営に暗い影を投げた」とし，さらに学長・理事決定の重要機関である選考委員会（7名）における理事代表委員はこの会の指導権を握るが，「そこで推薦された学長をとりまく経営首脳部である理事陣営は，選出団体となった校友，教授会の消長を反映した」とある。

　八十年史によれば学長中島徳三は，「反境野派運動の首領」と記されている。このような背景が社会事業科の名称とカリキュラムの変更に一定の影響を与えていたものと推定できよう。富士川游は1929（昭和4）年3月に東洋大学を辞めている。境野・富士川のコンビで創設された社会事業科は，この時期から大きく変わり，社会教育的色彩が強くなっていく。学生の主要な活動の一つに夏期休暇を利用しての小学生対象の「臨海学校」が恒例として開催されているが，これはこうした教育内容の反映とみることができよう。

　1929（昭和4）年度版の『東洋大学一覧』では，社会教育社会事業科の科長のポストは欠員のままとなっている。1930（昭和5）年4月にようやくそのポストは埋まるが，1932（同7）年以降再び空席となっている。また，在籍学生数は1929年に29名，1930年に35名，1931年に36名となり，社会事業科の頃からみれば大きく減少している。1927（同2）年には金融恐慌が，そして1929（同4）年は世界恐慌，そして1931（同6）年には満州事変，1932（同7）年には上海事変へと不景気と戦争の影が大きく拡がっている。とくに1932年はわが国の失業率が7％とピークに達した年でもあった。そして，社会教育社会事業科は，学生数の減少と財政上の困難等もあってか，1932年に入学募集を停止し，1934（同9）年には廃止されている。なお，さきのカリキュラムのうち体操教練の科目の配置については1925（大正14）年4月の陸軍現役将校配属令により設けられたものと思われる。そして1935（昭和10）年には教練が正科となっている。

　こうした背景を考慮するなら，この時期の社会事業教育には社会事業科創設時のロマンに満ちた初々しさは失われ，次第に体制の波にひきよせられつつあったとみることができよう。

第3章　ある福祉教育の記録

おわりに

　以上，三節にわたり，戦前の東洋大学における社会事業教育へのかかわりについて考察してきたが，ここで注目すべき点を若干とりあげ，その意義と今後の課題等にふれ結びとしたい。

　まず，第1にあげたいのは，東洋大学は全国の大学にさきがけて社会事業にかかわる教育を実施してきた点である。専門部一科に感化救済事業従事者養成を目的とした科目配置を行ったのは1912（明治45）年であったし，夜間部ではあったが独立した社会事業科を創設したのは1921（大正10）年であった。しかも，これらの科目の履修や学科を卒業することによって，この方面の就職にとくに有利となるような任用資格などのなかった時代において，このような組織的教育を実施してきたことは一種の驚きであるとともに，わが国社会事業の発展に大きな貢献をなしたということができよう。

　それでは，このような教育組織を生みだしてきたのはいかなる理由によるのであろうか。その一つは，井上円了以来の東洋哲学・仏教を基礎とする啓蒙教育の伝統が社会事業実践のための土壌を創っていたものと考えられよう。第2は，井上円了との人間関係による人脈を通して多くの人材が東洋大学に集っているが，これらのうちにとくに社会事業にかかわる関係者で，当時，日本の社会事業の推進に力のあった人たちが包含されていたことである。すでに本文中に記した人たちはもちろんのこと，このほか教授以外では，たとえば1919（大正8）年境野学長時代に法人組織の顧問として小河滋次郎の名前がみえている。これはその一つの事例である。そして第3には，この社会事業教育を推進した人物・境野哲をあげることができよう。境野は学者であるとともに，早くから大学の行政に参加しており，かつ直接には社会事業科創設の立案者である。これらの要件が相よって東洋大学の社会事業教育の発展に一定の影響を与えたものということができよう。

　第2に注目したいのは，社会事業科のカリキュラムのユニークさである。もちろん学科設置にあたっては，国からの一定の指導があった筈であるが，しかし，科目内容をみる限りやはり東洋大学の独自性といったものが感じられる。すでに本文中でふれておいたが，基礎学科の中に二学年，三学年にわたって仏

39

教概説が配置され，実践道徳の科目とともに，実践・価値の領域の教育を一つの柱としているように思われるからである。そしてもう一つの特色は，社会科学系列と並んで自然科学系列の科目が一定の比重を占めている点である。これらが全体として独特なカリキュラムを構成しているといえよう。

第3に注目したいのは，社会事業科設置とともに科長となった富士川游の存在である。社会事業科のカリキュラム編成にあたっては，恐らく富士川の見解により進められたものと思う。その意味では時の学長境野哲とともに，富士川游の東洋大学における活動とその社会事業観について一層の掘りおこしが必要と思っている。

以上のように，東洋大学の社会事業教育の展開は，基本的には建学の理念といった土壌の上に，恵まれた人材により推進されてきたとみることができよう。しかし，この基礎が脆弱になった時，その発展は停滞ないし，後退を余儀なくされている。境野事件以後，とりわけ1928（昭和3）年の大学令による社会事業再編成後の時期にこれをみることができよう。もちろん，この時代は不況と準戦時体制へ走り始めようとしていた国家体制の影響や大学経営上の困難等も重なってはいるが，基本的には人的組織の問題が重要な要件を構成していたと思われる。　　　　　　　　　　　　　　　　　　　　　　（1986年11月記）

付記　本稿は天野マキ，森田明美，川池智子及び旭洋一郎らとの共同研究の一部であり，1986年『白山社会学研究』第一号に掲載したものである。

2　戦後の社会福祉教育

はじめに

1992（平成4）年4月，東洋大学社会学部は，社会福祉学科の発足にともない3学科制となり，新しい歴史の歩みが始まった。

本稿は，戦後の社会福祉にかかわる研究教育の動向を，東洋大学における社会福祉学科成立に至る過程を通して明らかにし，今後の社会福祉教育のあり方について多少でも貢献できればとの考えからとりあげたものである。

さて，社会福祉に関する研究教育が大学制度のうちに専門課程として正式に認められたのは，戦後の新制大学が成立してからである。東洋大学で社会福祉学の専門的な研究教育が始まったのは，1959（昭和34）年に社会学部が成立してからであるが，制度的には社会学部応用社会学科の一専攻である社会福祉学専攻コースが設置された1962（昭和37）年以降となる。

社会福祉学科成立の直接の母体は，この社会福祉学専攻コースの成立にもとづいている。それゆえ，戦後の社会福祉に関する研究教育の展開は，1962（昭和37）年以降の社会福祉学専攻コースの動向に焦点をおくことになるが，社会福祉学科の歩みを考えるにあたっては，まず，社会学部の成立とその経緯が明らかにされねばならない。

そこではじめに，1962（昭和37）年の社会福祉学専攻コース成立までの経緯について概観しておこう。

1）社会福祉学専攻コース成立まで

戦後の社会福祉制度は，戦前の社会事業時代の施策内容と比べるとその発展は誠に目覚ましく，正に天と地ほどの差があるが，敗戦直後は極度の食糧・物不足を背景に，戦後処理の関係もあって生活保護法を中核とした救貧的事業が主要な施策内容となっていた。しかし，1960年代には，社会福祉事業の分野も次第に整備・拡充され，福祉六法体制が成立している。また，社会保障制度の側面からみれば，国民皆保険，国民皆年金制度の成立とその展開により，いわゆる福祉国家形成期を迎えることになるが，これらの動向と関連して社会福祉にかかわる専門的な研究教育の社会的必要性が高まり，多くの大学ではこの時期以降に社会福祉の学部，学科，専攻等の制度をもつようになった。

ちなみに，専門の社会福祉教育にあたる学部，学科，専攻等を設置する大学・短大の加盟団体である日本社会事業学校連盟の創設は1955（昭和30）年であったが，この年の加盟校は全国で僅か16校にすぎなかった。しかるに，1962（昭和37）年度には22校，1970（同45）年度には33校と倍増している。[18]

さて，東洋大学では，1946（昭和21）年に，旧制文学部が戦前の体制に復帰する際に文学部の中に社会学科が増設されていたが，次いで1949（同24）年に

は新制大学移行に伴い，文学部に新制度の社会学科を開設した。さらに1952（同27）年には二部文学部に社会学科を設置，また，同年，大学院文学研究科の中に社会学専攻修士課程を，2年後の1954（同29）年には博士課程が設置され，これにより新制度の社会学科関係の教育体制が，この時期に完成している。

　ところで，この時期でとくにふれておきたいのは，学科創設時の経緯である。この学科づくりを最初に手がけられたのは，東京大学文学部社会学科の専任教員であった林恵海で，当時，林は東洋大学文学部兼任教授であった。そして1949（昭和24）年の新制大学成立までは，専ら東京大学社会学科の専任教員とその関係者―福武直，日高六郎，塚本哲夫，磯村英一などによって授業が進められていたといわれる。[19] しかし新制大学の移行にあたっては，制度上専任教員が必要となり，東京大学社会学科出身の米林富男が林恵海教授の勧めにより社会学科の主任教授となられ，米林教授の手で新学科の教員スタッフが集められ社会学科の教育体制が整備されたのである。

　ちなみに，1952（昭和27）年度の社会学科教員名簿によれば，専任教員は米林富男のほか，田辺寿利，呉主恵，馬渕東一，望月衛，那須宗一，福鎌忠恕，斉藤知正，このほか助手に吉岡進，宮本義孝，研究員に三浦文夫がいる。非常勤教員には，磯村英一，福武直，菊池あや子，小野秀雄，塚本哲夫，横江勝美，牧田稔，木田徹郎，久山満夫，森本照夫，佐藤昌彦，村田宏雄等の名がみえる。そして，この時期以降から学部創設に至るまでは，社会福祉にかかわる専門科目の開講はなく，ただ，社会学との関連でのみ部分的に取扱われていたにすぎなかった。

　しかし，1959（昭和34）年の学部創設にともない社会福祉学の専門科目が開講されることになった。

　社会学部創設にあたっては，林恵海，田辺寿利，鈴木栄太郎，磯村英一，米林富男などすぐれた日本社会学会の先達の努力に負うているが，その要となってこれを推進したのは米林富男教授であった。学部設置準備委員長であった米林教授の学部構想の一端を1958（昭和33）年の『東洋大学要覧』の記事から一部分引用してみよう。[20]

　「本学建学の精神は，東洋古来の学術文化の本旨を究明し，その真髄を昂揚

第3章 ある福祉教育の記録

すると共に，広く欧米諸国の学問思想を摂取融合して，普遍的にして，しかも民族の個性豊かな新しい文化を創造しようとするところにある。…中略…従って本学の教育目的は，この学祖建学の精神に則り，これを顕現発揚するため新時代に則応する教育体制を整備充実し，日本文化再建に役立つ国家有為の人材を養成することに外ならない。

このたび文学部第一部，第二部に所属する社会学科を社会学部第一部，第二部に昇格させ，従来の社会学科のほかに特に応用社会学科を新設し，現代日本の要求する社会技師ソーシャル・エンジニアの養成を計ることにしたのである。…中略…

本学においては既に大正末期から昭和初期にかけて社会事業科，文化学科等が設置され社会事業関係並びにマスコミ関係の多数の人材を養成してきたが，不幸戦争中これらの学科が休止することになったが，今日，これを復活させて，応用社会学科を設置し，社会福祉・矯正科学の理論並に実践技術を修得せしめ，これに図書館等を加えて…中略…現代社会の要求に応えたいと考えている」と。

このように，学部創設にあたっては，応用社会学科の中に社会福祉学，広報学（マスコミ学）及び図書館学にかかわる研究教育分野が構想されていた。この構想は直ちに実現できなかったが，やがて1962（昭和37）年に応用社会学科に学科課程別専攻コースが設置され，その一つとして社会福祉学専攻コースが成立し，社会福祉学科成立の母体となったのである。

表6は，1959（昭和34）年4月開講の社会学部応用社会学科専門教育科目一覧表である。これによると共通必修科目，選択必修科目及び選択科目からなり，共通必修科目には6科目・24単位があてられ，全学生は社会学の基礎科目として社会学概論，社会調査及び実習等を必修科目としている。選択科目では社会福祉学，広報学及び図書館学の専門分野におけるそれぞれの科目が配置され，28単位以上の履修となっている。

以上のように，応用社会学科は基本的には，社会学を基礎科学として科目配置を行い，この上に各分野別専攻コースの設置を予定した科目の配置がなされていた。そしてこれを実質化したものが1962（昭和37）年度の学科課程別専攻コースの設置である。これによって社会福祉学，広報学，図書館学の専攻コー

表6　社会学部応用社会学科専門教育科目一覧表（昭和34年）
社会学部第一部　応用社会学科

区分	学科目	備考	履修年次 1	2	3	4
共通必修科目（24単位）	社会学概論			4		
	応用社会学概論			4		
	社会調査及び実習				4	
	社会心理学			4		
	広報学					4
	卒業論文					4
選択必修科目（28単位）	社会福祉学概論	AC	4			
	社会福祉学方法論	A		4		
	産業社会学	AB		4		
	犯罪社会学	A				4
	図書館学	BC			4	
	社会福祉学演習Ⅰ	A		2		
	同　　　　Ⅱ	A			2	
	広報学演習Ⅰ	B		2		
	同　　　　Ⅱ	C			2	
	図書館学演習Ⅰ	C			2	
	同　　　　Ⅱ	C				2
	社会福祉学特講	A				4
	社会福祉学実習Ⅰ	A			2	
	同　　　　Ⅱ	A				2
	広報学科特講Ⅰ	B		4		
	同　　　　Ⅱ	B		4		
	同　　　　Ⅲ	B			4	
	同　　　　Ⅳ	C			4	
	図書館学特講Ⅰ	C			4	

区分	学科目	備考	履修年次 1	2	3	4
選択科目（18単位）	同　　　　Ⅱ	C				4
	同　　　　Ⅲ	C				4
	同　　　　Ⅳ	C				4
	社会政策					4
	人口問題					4
	経済史				4	
	統計学				4	
	経済政策					4
	経営学総論				4	
	政治学概論				4	
	憲法					4
	民法				4	
	行政法					4
	社会法制					4
	教育社会学				4	
	人文地理学				4	
	宗教民族学					4
	産業概説				4	
	職業指導					4

〔備考〕
1．選択必修科目のA・B・Cの区分を次の通りとする。
　Aは社会福祉学を主として履修するもの
　Bは広報学を主として履修するもの
　Cは図書館学を主として履修するもの
学生は　A・B・Cの区分に従い夫々28単位以上を履修しなければならない。

スが成立し、さらに1963（同38）年度には、社会心理学専攻コースも成立して、応用社会学科は4専攻コース制となり、1992（平成4）年4月社会福祉学科の独立までは、この組織体制であった。

　このほか、学部創設期に社会福祉の分野で開設したものに、巣鴨の高岩寺（とげぬき地蔵）との連携による「とげぬき生活館」[21]がある。四の日の縁日と月・水・金の曜日に高岩寺の参詣者を対象に人事相談及び法律相談事業等を通して学生の実習の場として活用している。また、これが契機となって1964（昭和39）年には大学附属として文学部の関連学科との連携のもとに児童相談室が開設されている。

　このように、戦後の社会福祉に関する研究教育の第一歩は、戦前の社会事業科を復活させ、社会学部の一専攻コースとして位置付けられ、新たに社会学を基礎科学として生成発展させることになった。そこで次に、専攻コース成立後の研究教育の動向について考えてみることにする。

2）社会福祉学専攻コース成立後の展開

　表7は、1962（昭和37）年4月開講の社会福祉学専攻コースの教育課程表である。これによると共通必修科目は、社会学概論、社会調査、社会調査及び実習並びに社会心理学の4科目・16単位からなり、社会福祉学専攻コースの学生も社会学の基礎科目として履修が義務付けられている。

　当時の社会学部における社会学は、田辺寿利、鈴木栄太郎などの学風に代表される実証主義的社会学が中心にあったこともあって、実証的精神を学問研究の基礎にすえ、かつ、基礎科目として上記科目を必修科目に設置している。

　選択必修科目は、専攻コースの専門科目で、社会福祉学概論、社会福祉方法論の基礎科目のほか、社会福祉学演習4科目・8単位、社会福祉学特講4科目・16単位以上及び実習2単位、計32単位以上となり、また、選択科目は、関連分野にあたるが、22単位以上の履修となっている。

　なお、ここで注目したいのは、社会学部全学生に必修として課してきた卒業論文（4単位）が、この年度から選択科目・8単位に変更している。これは基本的には、4年次の学生の就職問題への配慮と他方、大学院への進学者等をも

表7　社会福祉学専攻コース　教育課程表（昭和37年）

区分	学科目	備考	履修年次 1	2	3	4
共通必修科目（16単位）	社会学概論	呉　主恵	4			
	社会調査	奥田　道大	4			
	社会調査及び実習	藤木三千人			4	
	社会心理学	村田　宏雄	4			
選択必修科目（32単位）	社会福祉学概論	塚本　哲	4			
	社会福祉学方法論	同　　上		4		
	社会福祉学演習Ⅰ	山下袈裟男	2			
	同　　Ⅱ	M.バーグ		2		
	同　　Ⅲ	村田，奥田			2	
	同　　Ⅳ	奥田　道大			2	
	同　　Ⅴ	※大竹，※佐藤			2	
	社会福祉学特講Ⅰ（児童福祉）	大竹　太郎	4			
	同　Ⅱ（犯罪社会学）	内藤　文質				4
	同　Ⅲ（社会福祉法制）	同　　上				4
	同　Ⅳ（臨床心理学）	恩田　彰			4	
	同　Ⅴ（ケース研究）	塚本，大竹				4
	同　Ⅵ（ケース研究）	M.バーグ			4	
	社会福祉実習					2
	社会法制	内藤　文質			4	
	広報学	堀川　直義			4	
	宗教民族学	高木　宏夫			4	
	文化人類学	高橋　統一			4	

区分	学科目	備考	履修年次 1	2	3	4
選択科目（22単位）	社会学史	福鎌　忠恕				4
	社会誌学	米林　富男				4
	産業社会学	杉　政孝				4
	社会政策（社会保障）	鎮西　恒也				4
	行政法（社会福祉行政）	塚本　哲				4
	社会教育	広畑　一雄				4
	社会教育実習					4
	社会思想史	休　講				4
	人口問題					4
	社会政策					4
	経済史					4
	統計学					4
	経済政策					4
	経営学総論					4
	政治学概論					4
	憲法					4
	民法					4
	行政法					4
	教育社会学					4
	人文地理学					4
	産業概説					4
	職業指導					4
	卒業論文					4

注：※印　大竹太郎（非常勤講師）
　　　　佐藤恒信（文学部教授）

第3章　ある福祉教育の記録

考慮して8単位を与え，厳しく指導すること等が変更の主なる理由であったと思う。

ところで，この時期の教員組織についてみると，社会福祉学専攻所属の専任教員は，塚本哲，内藤文質，モーゼス・バーグの僅か3名で，他は社会学科及び他専攻乃至他学部及び非常勤講師等に依存していた。

このうち，塚本哲は戦前の社会事業科の出身で，長く東京都に勤務していたが，学部創設時に社会学部の専任教員となり，社会福祉学専攻コース開設時には専攻主任となっている。なお，さきにとりあげた「とげぬき生活館」や「児童相談室」の開設には塚本の努力に負うている。

以上は，社会福祉学専攻コース開設時の状況の一端を示したが，時の経過とともに，専攻コースの拡充が図られ，専任教員も少しずつ増員されていった。この点の経緯について概観してみよう。

1964（昭和39）年度に，それまで社会学科所属であった山下袈裟男（助教授）は，1966（昭和41）年設置予定の大学院修士課程との関連で，社会福祉学専攻に所属替えとなった。次いで，1965（昭和40）年には，同じく大学院設置と関連して，精神衛生関連科目の担当者として最高裁判所法務技官であった土井正徳が専任教授に就任し，この段階で専任教員はようやく5名となった。

表8は，1966（昭和41）年度「社会学部案内」にみる社会福祉学専攻の専門科目担当者と科目の一覧表である。このうち，土井教授は不幸にして，就任2年足らずで亡くなったので，1967（昭和42）年度には，その後任人事として，国立精神衛生研究所（現在の国立精神保健研究所）から田村健二を教授に迎えている。

次に，1973（昭和48）年度には，1978（同53）年度設置予定の大学院博士課程に関連して孝橋正一教授を京都の龍谷大学から招聘しているが，さらに大学院博士課程の開設時にもう1名の増員人事が行われ，淑徳大学から今岡健一郎教授を迎え，この時点で社会福祉学専攻所属教員は7名となった。そして1991（平成3）年度には，社会福祉学科昇格を前提に2名の増員人事が行われ，社会福祉学科の専任教員は定員9名となった。

以上のように，社会福祉学専攻の専任教員数の増員の経緯をみると，基本的

47

表8　教授・講師及びおもな担当科目（○印が社会福祉学専攻所属の専任教員である）(昭和41年)

教授・医博	○土井　正徳	特講（精神医学的社会病理学，医学知識），演習	助教授	○山下袈裟男	特講（コミュニティ・オーガニゼーション），演習
教授・大学院社会福祉学専攻主任・文博	磯村　英一	社会病理学，演習	助教授	奥田　道大	社会調査
教授・一部社会学科主任・文博	米林　富男	社会学概論	助教授	藤木三千人	社全調査実習
教　授	○塚本　哲	社会福祉学概論　特講（ケース・ワーク，ケース・スタディ），実習	兼担教授(文)	恩田彰(文)	特講（グループ・ワーク，グループダイナミックス）
教　授	○内藤　文質	社会福祉法制，犯罪社会学，演習	兼担助教授(法)	鎮西　恒也	特講（社会福祉行政）
教　授	村田　宏雄	社会心理学	兼任講師	梶原　武雄	特講（社会保障，救貧史）
教　授	○モーゼス・バーグ	特講（精神分析，心理療法），実習	兼任講師・医博	大竹　太郎	特講（児童福祉論ケース・スタディ）
			兼任講師	上田　千秋	社会施設管理

には，大学院修士課程及び博士課程設置並びに社会福祉学科増設にともなっての増員人事であったことを示している。ただ，1978（昭和53）年の大学院博士課程開設時の増員人事については，1976（昭和51）年度の学部入学定員の大幅改正との関連もその要因になっているものと思う。

ちなみに，学則定員の経緯をみると，学部創設時には，社会学科及び応用社会学科とも学則定員は50名ずつで合計100名であったが，1976（昭和51）年度の改正では社会学科100名，応用社会学科200名，合計300名と3倍になっている。なお，1986（昭和61）年，白山5学部の教養課程1・2年生の朝霞校舎への移転時に再び改正され，社会学科150名，応用社会学科250名，合計400名となった。

さて，専任教員の構成と教育課程表とは密接に関連しているし，教育課程表はそれぞれの時期における教育方針や教育内容を示している。そこで次に，教育課程表の動向と若干の年度について，その内容について考察してみよう。

1962（昭和37）年から，1966（同41）年度までは，専門教育課程表の形式もほとんど変化はなかったが，1967（同42）年度から手直しがみられ，1969（同44）年度には，形式・科目の配置など整い，その後の教育課程表の基本型にな

っている。この教育課程表が大きく改訂，変更になったのは，社会福祉士法制定にともなう1988（昭和63）年度のそれである。そこで，まず，1969（昭和44）年度の社会福祉学専攻コースの専門教育課程表についてみておきたい。

表9がそれであるが，まず，目につくのは専攻開設時には必修科目が，共通必修科目と選択必修科目に分けられていたものが，一括されている。演習関係も整理され，1・2年次で演習を各2単位，3・4年次で演習・実習を各2単位ずつの履修となっている。また，社会福祉方法論が1科目から3科目に整備された。さらに特講については徐々に科目を整備してきたが，科目数は変わっていない。いまその講義名をみると次のようになる。特講Ⅰ児童福祉論，特講Ⅱ社会保障論，特講Ⅲ臨床心理学，特講Ⅳ精神衛生，特講Ⅴ社会福祉法制，特講Ⅵ施設管理論。なお，特講名はその時期ごとによって漸次変わっていくし，また，社会的ニーズの変化に伴い新しい科目も追加されていく。さし当たって，1969（昭和44）年度の専門教育課程表は上記のように整理され，その後の基本型になっている。しかし，全体的に必修科目の割合が多く，専門教育科目74単位中，必修科目は56単位となり，選択科目は僅か18単位にとどまっている。

1966（昭和41）年に日本社会事業学校連盟が示した総合大学社会福祉学科教育カリキュラム基準によれば，社会福祉学科の専門科目の単位数を76単位と前提して，次のように必修科目と選択科目について例示の型で示している（資料1参照）。すなわち必修科目は，基礎部門では24単位中，5科目・18単位以上，分野部門では10単位以上のうち，2科目・8単位以上，方法・技術部門では14単位以上で4科目・14単位以上，社会福祉実習・4単位以上，合計48単位，関連科目については特に必修科目を指示していない。この例示との比較からみても，表9の必修科目の単位数はやや多いように思う。しかし，1971（昭和46）年頃から必修科目を見直す動きがあって，1973（同48）年度には学校連盟の提示した48単位となっている。なお，方法・技術関係科目の増加は，学校連盟のカリキュラム基準にも示されていたように当時，次第に一般化してきた結果であろう。

また，1971（昭和46）年度には，それまで応用社会学科の共通必修科目であった社会心理学概論（4単位）が，各専攻コースから削除されている。これは

表9 社会福祉学専攻専門教育課程表（昭和44年度）

区分		第1年次 授業科目名	第2年次 授業科目名	第3年次 授業科目名	第4年次 授業科目名
専門教育科目 ⓸	必修科目 ㊻	社会福祉学演習Ⅰ(2)	社会学概論 (4) 社会調査 (4) 社会心理学概論(4) 社会福祉学演習Ⅱ(2) 社会福祉特講Ⅰ(4) 社会福祉方法論(4)	社会調査および実習(4) 社会福祉方法論Ⅱ(2) 社会福祉方法論Ⅲ(2) 社会福祉学演習・実習Ⅰ(2) 社会福祉学特講Ⅱ(4) 社会福祉学特講Ⅲ(4)　　5科目のうち 社会福祉学特講Ⅳ(4)　　4科目選択 社会福祉学特講Ⅴ(4) 社会福祉学特講Ⅵ(4)	社会福祉学演習・実習Ⅱ(2)
	選択科目 ⑱			※社　会　法　制 (4) ※宗　教　民　族　学 (4) 文　化　人　類　学 (4) 社　会　学　史 (4) 社　会　誌　学 (4) 産　業　社　会　学 (4) 教　育　社　会　学 (4) 社　会　思　想　史 (4) ※犯　罪　社　会　学 (4) 社　会　福　祉　行　政 (4) ※人　口　問　題 (4) 経　済　史 (4) 経　済　政　策 (4) 憲　　　　　　法 (4) 民　　　　　　法 (4) 人　文　地　理　学 (4) 社　会　教　育 (4) 精神分析および療法(4) 医　学　知　識 (4) 家　　族　　論 (4) 社　会　病　理　学 (4) 統　計　調　査　法 (4) 社 会 教 育 演 習 Ⅰ(2)	社 会 教 育 演 習 Ⅱ(2) 社　会　政　策 (4) 卒　業　論　文 (8)

〔備考〕 1．大学院に進学するものは卒業論文を必修とする。
　　　　2．社会教育演習を選択履修するもので社会教育主事を希望するものは社会教育演習ⅠおよびⅡを履修しなければならない。
　　　　3．◯は卒業に必要な最低単位数。
　　　　4．( ) 当該科目の単位数。

第3章　ある福祉教育の記録

（資料1）　　　　　総合大学社会福祉学科の教育カリキュラム基準
　　　　　　　　　　　　　　　　　　　　　　　　　　　　日本社会事業学校連盟
　　　　　　　　　　　　　　　　　　　　　　　　　　　　昭和41年度総会決定
　社会福祉学科の科目は，一般教育科目と，専門科目とに分けられる。その際の専門科目に当てる単位数を76単位以上として，これを，次の各部門に配分する。
1．専攻科目
　　(1)　基礎部門（24単位）
　　(2)　分野部門（10単位以上）
　　(3)　方法，技術部門（14単位以上）
　　(4)　社会福祉実習（4単位を必修とし，それ以上を課することが望ましい。）
2．関連科目（24単位以上）
　なお，これら各部門に分類される科目名は，次の通りである。
但し，下の科目名のうち，○印を必修科目とし，その他の科目は現在，社会福祉学科あるいは，専攻課程にとりあげられた科目のうち，比較的頻度のたかいものを例示しておいた。例示であるから，各加盟校の特徴により，自由に設置することは，さしつかえない。
専門科目
1．専攻科目

(1) 基礎部門（24単位）	(2) 分野部門（10単位）	リハビリテーション論
○社会福祉概論	○公的扶助論	医療社会事業論
○社会福祉発達史	○児童福祉論	精神医学的社会事業論
○社会福祉法制	家庭福祉論	更生保護論
○社会保障概論	保育理論	産業福祉論
○演　　習	養護理論	地域福祉論
社会問題	老人福祉論	
生活構造論	身体障害者福祉論	
人格発達論（人格発達の社会的側面）	精神障害者福祉論	

　　(3)　方法，技術部門（14単位以上）
　○ソーシャル・ケースワーク
　○ソーシャル・グループワーク
　○コミュニティ・オーガニゼーション（ソーシャル・アクションを含む）
　○社会福祉調査法
　　社会福祉管理法
　　社会福祉行政論
　　社会福祉調査実習
　　社会統計法
(4)　社会福祉実習（4単位を必修とし，それ以上を課することがのぞましい）
2．関連科目

医学知識	都市社会学	社会思想史
精神衛生	農村社会学	社会倫理学
公衆衛生学	産業社会学	労働問題
発達心理学	犯罪社会学	社会政策
児童心理学	社会病理学	人事管理
臨床心理学	家族法	協同組合論
心理検査法	児童文化論	行政論
カウンセリング	文化人類学	財政論
家族社会学	社会教育学	国家論

　（注）これら各科目に単位数を配分していないのは，各大学の事情を考慮して，特に定めなかったが，通常，必修科目は，4単位とみている。

51

各専攻コースが次第に，独自性を追求するようになった現れであろう。とりわけ，社会福祉学専攻では，すでに1966（昭和41）年度に大学院修士課程を設置していたが，さらにこの頃より博士課程を目指すようになった。1973（昭和48）年度の増員人事はこの現れである。そこで次に，大学院設置の動向について概観しておきたい。

3）社会福祉学専攻と大学院

社会福祉学に関する大学院設置の動きは，応用社会学科の学科課程別専攻コースが成立したその年度に始まっている。すなわち，1962（昭和37）年6月の大学院社会学研究科委員会（研究科委員長，鈴木栄太郎）において，「大学院社会学研究科社会福祉学専攻，広報学専攻増設の件」が決議され，その具体案作成方を米林富男教授に委ねている。

社会福祉学専攻修士課程が1966（昭和41）年に設置されたのは，この決議にもとづいて推進された結果であろう。いま，参考までに，修士課程設置にあたり，文部省に提出した大学院設置申請書の「設置の目的または事由」について要点を次にまとめてみよう。

①東洋大学は，大学創設者井上円了の教育理念とその実践の中に，すでに社会福祉にかかわる思想的源流があること。そして戦前，社会事業科を設置して，この学問と実践にかかわってきたので，この伝統を引き継ぐこと。②社会福祉にかかわる本格的な研究は戦後に始まるが，今日はそれが国家的要請ともなっているので，本学もこれに対応したいこと。③その場合，特色としては社会学を基礎科学として研究を進めたいこと。

このように修士課程設置の趣旨は，学部の社会福祉学専攻設置の考え方と同じ発想のもとに進められている。

さて表10は，1966（昭和41）年度社会福祉学専攻修士課程の教育課程表である。一応参考までに掲げたが，端的にいえば，いわゆる臨床系科目が目立ち，歴史，制度・政策系科目がすくない。この点は学部の専攻コース開設時のそれとも共通しているが，これは基本的には専任教員数が少なく，また，科目の配置には専任教員の研究分野に大きく依存していたものと思う。そして，この教

表10 社会福祉学専攻修士課程教育課程表（昭和41年度）

専門課程名	学科目	講義・演習の別	必修単位	選択単位	備考
社会福祉学専攻	社会福祉学特論（Ⅰ） （社会福祉学理論）	講義	4		A・B・C各科目選択必修
	社会福祉学特論（Ⅱ） （精神衛生学）	講義	4		
	社会福祉方法論（Ⅰ） （ケースワーク）	講義	4		
	社会福祉学演習（Ⅰ）	演習		2 ⎫	
	社会福祉学演習（Ⅱ）	演習		2 ⎬A	
	社会福祉学演習（Ⅲ）	演習		2 ⎭	
	社会福祉学臨床実習	実習	2		
	社会調査実習	実習	4		
	社会福祉方法論（Ⅱ） （グループワーク）	講義		4 ⎫	
	社会福祉方法論（Ⅲ） （コミュニティオーガニゼイション）	講義		4	
	矯正保護特論	講義		4	
	精神分析学特論	講義		4 ⎬B	
	臨床心理学特論	講義		4	
	児童福祉特論	講義		4	
	老人福祉特論	講義		4	
	施設管理論	講義		4	
	医学知識	講義		4 ⎭	
	社会誌学特論 （都市・村落・家族）	講義		4 ⎫	
	社会心理学特論 （含 社会病学）	講義		4	
	民族社会学特論	講義		4 ⎬C	
	人口問題特論	講義		4	
	職業社会学特論	講義		4	
	地域開発特論	講義		4 ⎭	

育課程表の枠組みと授業科目は，1973（昭和48）年まではほとんど変更はなかったが，1974（同49）年度に大きく改訂・変更されることになる。それは人の異動と社会・経済的条件の変化にもとづいている。

　人の異動については，社会福祉学専攻の基礎づくりに専念された塚本哲教授が，1970（昭和45）年3月に転出されたあと，立教大学から坂口順治を助教授で迎えている。また，同年4月，教授に昇格し，翌46年度には応用社会学科主任となった山下袈裟男は，時の学部長福鎌忠恕教授の強力な後押しのもとに，大学院博士課程設置を推進した。その最初の仕事が増員人事で，さきにふれた

53

ように社会福祉に関する政策論の泰斗・孝橋正一教授を迎えることに成功した。

　1974（昭和49）年度の大学院社会福祉学専攻の教育課程表の改訂は孝橋正一教授を中心に推進されたもので，表11はその改訂した教育課程表である。これによると臨床系と政策系の科目が一対として配置されたり，また，分野部門の科目も増加し，隔年に履修できるよう工夫されている。このうち，基礎部門で新たに追加された科目には，社会福祉発達史があるし，分野部門では地域福祉論と医療社会事業が新設されている。とくに地域福祉論は当時の急激な社会・経済的変動に伴い，その社会的必要性の高かった科目である。

　この教育課程表の改訂は，基本的には，大学院修士課程設置時のそれを見直し，時代に即応する科目の配置を意図するとともに，大学院博士課程設置への準備であった。そして，専攻では博士課程設置の教育課程表策定に努力を重ね，1978（昭和53）年度には新制度にもとづく大学院制度—博士前期課程と博士後期課程をもつことになった。

　いま，博士後期課程設置にあたり，文部省に提出した「設置の趣旨」の要点をみると次のようになっている。

　　①社会福祉学専攻修士課程設置以来，多くの専門職的人材を世に送り出してきたが，社会福祉学それ自身の学問的成熟とともに，社会福祉政策発展への社会的要求が一段と高まってきたので，それに対応するために博士課程設置が必要となったこと。②研究の柱としては，政策論的研究，歴史的研究及び技術論的研究を中心に，これに若干の関連分野を加える。そして，その特色としては，高度な科学的，理論的研究がその中核をなすもので，修士課程にみられる専門技術者の養成といった側面は基本的には除外されること。③研究の方向は，単なる欧米の模倣的学問ではなく，日本及び東洋の歴史的，社会的条件に対応した社会福祉の学問的体系の構築に貢献したいこと。

　以上のような趣旨にもとづいて，社会福祉学専攻の教育課程表が作成されている。表12は，1978（昭和53）年度の博士前期課程及び博士後期課程の教育課程表である。一見して，従来の教育課程表の枠組みを大きく変更していることがわかる。こうして社会福祉学専攻は，社会学専攻と同様に大学院博士課程を

第3章　ある福祉教育の記録

表11　社会福祉学専攻修士課程教育課程表（昭和49年）

学科目	講義・演習の別	必修単位	選択単位	職名	担当教員	備考
社会福祉学特論 I	講義	4		教授	孝橋正一	
社会福祉学特論 II （社会福祉発達史） （人間福祉論）	講義	4		講師(兼) 教授	吉田久一 内藤文質(他3名)	
社会福祉方法論	講義	4		教授	田村健二	
社会福祉学演習 I	演習		2	教授	孝橋正一	
社会福祉学演習 II （社会福祉発達史） （人間福祉論）	演習		2	教授 講師(兼)	山下袈裟男 村松常雄	｝一科目選択必修
社会福祉学演習 III	演習		2	助教授	坂口順治	
社会福祉学臨床実習	実習		2	教授 教授	田村健二 モーゼス・バーグ	｝一科目選択必修
社会調査実習	実習		2	教授 教授	高木宏夫 藤木三千人	
社会福祉学特論 III （社会保障論） （社会福祉管理論）	講義		4	講師(兼)	一番ケ瀬康子	公的扶助を含む
社会福祉学特論 IV （地域福祉論） （医療社会事業）	講義		4	講師(兼)	前田大作	本年度休講 本年度休講
社会福祉学特論 V （児童福祉特論） （老人福祉特論）	講義		4	講師(兼)	大竹太郎	
社会福祉学特論 VI （グループ・ワーク論） （司法福祉特論）	講義		4	講師(兼) 教授	渡辺定 内藤文質	本年度休講 本年度休講
社会福祉学特論 VII （精神分析学特論） （精神医学的ソーシャル・ワーク論）	講義		4	教授	モーゼス・バーグ	
社会福祉学特論 VIII （臨床心理学特論） （精神衛生学特論）	講義		4	講師(兼)	村松常雄	本年度休講
社会誌学特論	講義		4	教授	岩井弘融	
社会心理学特論	講義		4	教授 講師(兼)	恩田彰 竹内郁郎	
民族社会学特論	講義		4	教授	呉主恵	
人口問題特論	講義		4	講師(兼)	黒田俊夫	
職業社会学特論	講義		4	講師(兼)	岡本秀昭	
地域開発特論	講義		4	講師(兼)	奥田道大	
		12	62			

※上記の授業科目の外，選択科目として社会学専攻修士課程の授業科目を履修することができる。

表12　社会福祉学専攻の授業科目(昭和53年)　　博士前期課程

授業科目・研究指導	講義・演修の別	必修単位	職名	担当教員	備考
社会福祉学特論Ⅰ (集団社会福祉論)	講義	4	教授	坂口順治	
社会福祉学特論Ⅱ (社会福祉行政管理論)	講義	4	講師(兼)	高沢武司	
社会福祉学特論Ⅲ (児童福祉論)	講義	4	講師(兼)	大竹太郎	
社会福祉学特論Ⅳ (老人福祉論)	講義	4	講師(兼)	(前田大作)	本年度休講
社会福祉学特論Ⅴ (地域福祉論)	講義	4	講師(兼)	前田大作	
社会福祉学特論Ⅵ (医療社会事業論)	講義	4	講師(兼)	菅野重道	本年度休講
社会福祉学演習Ⅰ (社会福祉基礎理論演習)	演習	4	教授	孝橋正一	社会福祉学研究指導Ⅰと共通
社会福祉学演習Ⅱ (社会福祉発達史演習)	演習	4	教授	今岡健一郎	社会福祉学研究指導Ⅱと共通
社会福祉学演習Ⅲ (社会福祉方法論演習)	演習	4	教授	松本武子	社会福祉学研究指導Ⅲと共通
社会福祉学演習Ⅳ (社会福祉臨床演習)	演習	4	教授	(田村健二)	本年度休講
社会福祉学演習Ⅴ (社会福祉制度論演習)	演習	4	教授	山下袈裟男	社会福祉学研究指導Ⅴと共通
社会福祉学演習Ⅵ (社会精神医学演習)	演習	4	教授	モーゼス・バーグ	社会福祉学研究指導Ⅵ特論共通
社会福祉学研究指導Ⅰ			教授	孝橋正一	
社会福祉学研究指導Ⅱ			教授	今岡健一郎	
社会福祉学研究指導Ⅲ			教授	松本武子	
社会福祉学研究指導Ⅳ			教授	田村健二	本年度休講
社会福祉学研究指導Ⅴ			教授	山下袈裟男	
社会福祉学研究指導Ⅵ			教授	モーゼス・バーグ	

博士後期課程

授業科目・研究指導	担当教員	備考
社会福祉学特殊研究Ⅰ (社会福祉臨床研究)	(田村健二)	本年度休講
社会福祉学特殊研究Ⅱ (イギリス社会福祉発達史研究)	山下袈裟男	
社会福祉学特殊研究Ⅲ (人間関係論研究)	モーゼス・バーグ	
社会福祉学特殊研究Ⅳ (社会保障論研究)	佐藤進	
社会福祉学特殊研究Ⅴ (日本社会事業思想史研究)	吉田久一	
社会福祉学特殊研究Ⅵ (福祉国家論研究)	一番ケ瀬康子	
社会福祉学研究指導Ⅰ	孝橋正一	
社会福祉学研究指導Ⅱ	今岡健一郎	
社会福祉学研究指導Ⅲ	松本武子	

設置した。

　このように，大学院博士課程の設置は，専攻としての独自性とその社会的存在は大きくなったが，他方，定年退職者の後任人事にあたっては，大学院の授業を担当できる教員人事が優先されることになり，助教授クラスの若手教員の採用ができにくくなり，社会福祉学専攻教員の高年齢化を促し，この打開策として社会福祉学科設置による増員人事の必要性に拍車がかかることになった。

　以上が，大学院博士課程設置の概要とその影響の一端であった。

　そこで次に，学部の教育課程表の枠組みが大幅に改訂され，教育のあり方について新しい対応が迫られた時期について考えてみたい。

4）社会福祉士制度と社会福祉教育

　いま，この課題に入る前に，1・2年次学生の朝霞校舎への移転における教育課程について若干ふれておきたい。

　わが国の大学受験生が爆発的に増大したのは，いわゆる高度経済成長期，とりわけ1960年代後半以降で，東洋大学でもこの時期までに白山校地に5学部―文学部，経済学部，法学部，社会学部，経営学部及び短期大学まで設置され，校地，校舎の狭隘，施設の不足，教室の過密など正にマスプロ教育が現出していた。その対応策が1967（昭和42）年の教養課程川越校地への移転計画であった。しかし，この計画を契機に，いわゆる大学紛争へと発展したことは周知のことである。

　この時期の大学紛争は一私学にとどまらず全国的規模のものとなったことから，その学生への影響は大きく，東洋大学でもその後遺症と思われる紛争は長くつづいた。それが終息したのはようやく1983（昭和58）年頃で，川越紛争以来，15年の歳月を要したのである。

　さて，川越移転計画の失敗のあと，大学は1972（昭和47）年頃から白山により近い朝霞の地に校地を求め，その整備を急いでいた。そして1979（昭和54）年度に，ようやく白山5学部の教養課程1年生のみの授業を朝霞で開始することになった。そしてさらに，1986（昭和61）年度は白山5学部すべての1・2年生の朝霞校舎への移転が行われた。この間，朝霞校舎への移転をめぐる大学

と学生の間にはさまざまな問題が山積し，いわゆる紛争状態がつづき，教職員はその対応に苦慮した。

　社会学部は幸い学生自治会が存続していたので，学部共通問題は，自治会との対応で処理してきた。この過程で，学部としても，専攻としても最も心を砕いたのは，両校舎での万全の講義体制を整えることであった。とくに1・2年生全体の移転時には，授業科目の1・2年次への学年配置などは重要な課題であった。幸い社会福祉学専攻では，必要に応じて白山と朝霞校舎で同一科目を開講したり，授業時間の調整等を通して運用上の暫定措置を行い，移転にともない学生の学習に不利にならない対策は講じてきた。しかし，全体的にはこの移転の時期は過渡期であったので，学生の負担は大きかったものと思う。

　ところで，この時期までに専門教育科目については，時代の変化に伴い若干の授業科目について変更をしてきたが，とりわけ1983（昭和58）年度には，新たに必修科目に社会福祉方法論総論が，また，特講Ⅶ老人福祉論・地域福祉論が隔年に開講されることになった。この2科目については，従来，年度によって開講されてきたことはあったが，新たに特講として設置されたのはこの年度からである。

　しかし，社会福祉に関する専門教育と専門教育課程表に大きな変更・改訂をもたらしたのは，1987（昭和62）年5月成立の「社会福祉士及び介護福祉士法」の制定に伴う変化であろう。そこで以下にその要点をとりあげて概観してみよう。

　オイル・ショックを契機に，それまで走りつづけてきた日本経済の成長路線は停滞し，ようやく形になってきた福祉国家体制を見直し，日本的福祉社会の構築がいわれ始めた。そして1980年代以降，国の緊縮財政を契機に社会福祉予算の抑制と社会福祉の理念の変更，そして一連のいわゆる福祉改革となるが，社会福祉士及び介護福祉士法は，この過程で成立している。

　この法制定の背景には，急速に進展する高齢化社会，とりわけ21世紀初頭には世界に例をみない高齢社会の到来とこれに伴うねたきり老人や痴呆性老人等虚弱老人の大量出現の予測とその社会的影響等が推測されていることから，これらへの対応策の一環として専門職養成が意図されたものであろう。

第3章　ある福祉教育の記録

　社会福祉の専門職制度については，「社会福祉士法案」として1970年代初めに，日本社会事業学校連盟により提案されたことがあったが，形にならなかった。今回これが成立した背景には，一つには専門職を欠く日本への国際的社会からの強い批判とともに，高齢化社会の動向が具体的にその必要性を認識できる時代になったことによるものと思う。

　さて，この法律のうち，社会福祉士は別名，ソーシャルワーカーと呼ばれる社会福祉の専門職で，この法律によって国の資格制度になったものである。この資格を得るためには，国の定めた指定科目（15科目中13科目を履修）を大学で開講し，この科目を取得した学生が国家試験を受験して合格しなければならない。なお，介護福祉士は別名ケアワーカーと呼ばれ，従来の寮母職にあたるもので，これにも国家試験によって専門職の資格を与えることになった。いずれも業務独占ではなく，名称独占の形での専門職となっている。

　社会福祉学専攻が対応したのは，いうまでもなく社会福祉士についてである。本専攻では，社会福祉士法制定と同時に，その対応について専攻内で検討を始めるとともに，日本社会事業学校連盟主催の社会福祉士法制定の趣旨説明とその手続き等に関する集会には教員は勿論のこと，担当職員も欠かさず出席し，その内容の理解と具体的手順等について研究を重ね，1988（昭和63）年度の教育課程表の改訂を行った。社会福祉学専攻では，国の指定科目の大部分は開講していたものの，新たに開講しなければならない科目もいくつかあって，差し当たり開講を必要とする科目をまず設置し，あとは年度の進展にあわせて順次，追加することにした。但し，従来，授業科目名が特講となっているものはすべて具体的科目名にかえねばならなかったので，初年度は科目名の読み替えにより対応してきた。そして，国のきめた資格要件としての開講科目とその科目名がきちんと整理できたのは，1990（平成2）年度からであった。ちなみに，この年度までに新たに追加された科目は，公的扶助論，医学一般，介護概論及び社会福祉援助技術現場実習であった。また，老人福祉論と地域福祉論も隔年講義から通年講義になった。

　ところで，大学の事務担当者も専任教員も大きな課題と負担となったのは，上記の現場実習科目への対応であった。社会福祉学専攻コースが設置されて以

来，現場実習は，演習・実習の科目により3・4年次に2週間程度の実習を実施してきたが，昭和40年代中頃からは学生数の増大と大学紛争とも関連して学生の任意に切り替えてきた。しかし，本制度では，国の指定した機関，施設に4週間以上の現場実習が義務付けられたのである。そのため，初年度は試行錯誤を繰返しながらも，学生の希望と機関，施設の掘り起こしに努めた。幸い卒業生を中心にした研究団体である白山社会学会の会員中に関係者が多かったことから，この組織の活用を通し，併せて専攻教員の総力をあげた取り組みにより軌道にのせることができた。初年度実習記録ノート等マニュアル作りは田村健二教授によって行われ，次年度からは担当教員の責任で逐次改訂を重ねている。

現場実習も1992（平成4）年度で5年目になるが，実習に参加した延べ人数は188名に及んでいる。また，国家試験は1991（平成3）年度末までに4回実施されているが，受験者総数は73名で，合格者は8名となっている。国の平均合格率は20％前後であるので，丁度その半分程度となっている。

このように社会福祉士制度の成立は，大学の専門教育課程表の枠組みと開講科目を大幅に変更させ，社会福祉学専攻にとっては固有の資格制度をもつことになり，その特色が鮮明になったが，しかし，他方では学としての社会福祉研究とどのように調整していくかが教育上問われる課題ともなった。いいかえれば，大学は単なる専門職養成機関ではないので，社会福祉研究とこれにもとづく福祉教育のあり方など多くの課題が存在する。それゆえ，社会福祉学科増設時には，これらの点に一層留意してカリキュラムが作成されたのである。

5）社会福祉学科の成立

社会福祉学科増設については，早い時期からその声は挙がっていた。それが公式に形として現れたのは，1979（昭和54）年10月の定例教授会の折に，時の応用社会学科主任，山下による学科設置の提案であった。その設置の提案理由は，端的にいえば，1978（昭和53）年度にすでに新大学院制度にもとづく博士後期課程も設立し，社会福祉学専攻では大学院制度は一応完成したので，大学院と学部の整合性を図り，かつ学部の研究教育体制の整備と充実が求められて

いた点にある。幸い教授会では満場一致で承認されたが，現状の校地面積と学科増設に必要なそれとの間に差が大きく，結局，校地不足が明らかになった。そのため学科増設の件はそれ以上の進展はみられなかった。しかるに，1986（昭和61）年4月，白山5学部の教養課程1・2年生の朝霞校舎への移転を契機に校地問題は一応緩和されたので，同年4月の定例教授会で再度，学科増設の確認を求め，併せて大学当局にその推進方を要請した。その後，紆余曲折を経るが，1989（平成元）年12月に大学の法人理事会の承認を得て2名の増員人事についての手続きをとり，1991（平成3）年4月開設を目処に1990（平成2）年度に学科の専門教育課程表の改訂と整備を行った。しかし，文部省への学科申請書類の提出が期日に間に合わず，結局1カ年の先送りとなったが，1991（平成3）年12月にようやく文部省の認可を得て，1992（平成4）年の開設となった。学科増設案を教授会に提案してから学科設置までに実に12年間の歳月を要したのである。

　この結果，社会学部の学科構成は，社会学科，応用社会学科及び社会福祉学科の3学科制となった。学生の入学定員を定めている学則定員は，社会学科150名，応用社会学科150名，社会福祉学科100名，合計400名となっている。要するに，学部は3学科制となったが，学則定員は応用社会学科の定員数を分割したのみで，総数そのものには変化はなかった。結局，社会福祉学科については，2名の教員増により，その充実に寄与したことになる。

　表13は，1992（平成4）年度の社会福祉学科の専門教育課程表である。この教育課程表は，さきにふれたように，その原型は1990（平成2）年度に学科申請を前提にして従来のそれを見直し，改訂したものである。したがって表13の科目の配置は，共通選択科目以外のところでは1990（平成2）年度のものと変わらない。そこで1990年以前の教育課程表と異なる点をあげてみると，社会福祉学に関する専門科目が1・2年次に多く開講されている。たとえば，社会福祉学概論は従来2年次の開講科目であったが1年次からの開設となった。また，老人福祉論は3年次の開講科目であったものが2年次へ，また，新たに開設されたものに2年次開講の社会福祉発達史と3年次開講で必修科目として社会福祉法制がある。この2科目は社会福祉学研究に欠くことのできない基礎科目と

表13 社会福祉学科 専門教育課程表（平成4年度）

区分		第1年次 授業科目名	第2年次 授業科目名	第3年次 授業科目名	第4年次 授業科目名
専門教育科目 90	必修科目 30	社会福祉学概論(4) 社会福祉学演習Ⅰ(2)	社会学概論(4) 社会調査(4) 社会福祉方法総論(4) 社会福祉学演習Ⅱ(2)	社会調査および実習(4) 社会福祉法制(4)	社会福祉学演習Ⅳ(2)
	選択必修科目 2			●社会福祉学演習Ⅲ(2) ●社会福祉授助技術演習(2) ●印の2科目から1科目を選択	
	選択科目 58	指定選択科目	※社会保障論(4) ※児童福祉論(4) ※老人福祉論(4) ※社会福祉発達史(4) 社会病理学(4) 社会心理学概論(4)	※社会福祉方法論Ⅰ(2) ※社会福祉方法論Ⅱ(2) ※社会福祉方法論Ⅲ(2) ※障害者福祉論(4) ※社会福祉行政(4) ※公的扶助論(4) ※地域福祉(4) 医療福祉(4) 人間発達論(4) 医学一般(4) 介護概論(2) 臨床心理学(4) 社会福祉学特講(4)	※印の11科目のうち6科目以上履修すること
		共通選択科目	情報処理応用実習(2) 情報処理基礎実習(4) 情報環境論(4) 情報行動論(4) 文化人類学(4) 社会統計学(4) 家族社会学(4) 教育社会学(4) アジア社会論(4) マス・コミュニケーション概論(4) 時事英語Ⅰ(2)	社会学史(4) 社会史（日本）(4) 社会思想史(4) 宗教社会学(4) 犯罪社会学(4) 発達社会心理学(4) 社会政策(4) 社会教育演習Ⅰ(2) 社会教育演習Ⅱ(2) 社会教育団体論(2) 視聴覚教育(2)	経済原論(4) 日本経済史(4) 経済史(4) 政治学原論 （国際政治を含む）(4) 憲法(4) 行政法(4) 労働法(4) 哲学概論(4) 人文地理(4) 卒業論文(8)
	自由科目			社会福祉援助技術現場実習(6)	
	教職科目（教科）		日本史(4) 外国史(4) 地理学(4) 地誌学(4) 自然地理学(4)		

〔備考〕 1．区分欄のゴシック数字は卒業に必要な最低単位数
　　　　2．( )は当該科目の単位数
　　　　3．複数の年次欄にまたがっておかれている科目は，そのまたがっている年次の中で履修する。
　　　　4．教職科目（教科）欄の5科目は卒業に必要な単位としては認められない。

第3章　ある福祉教育の記録

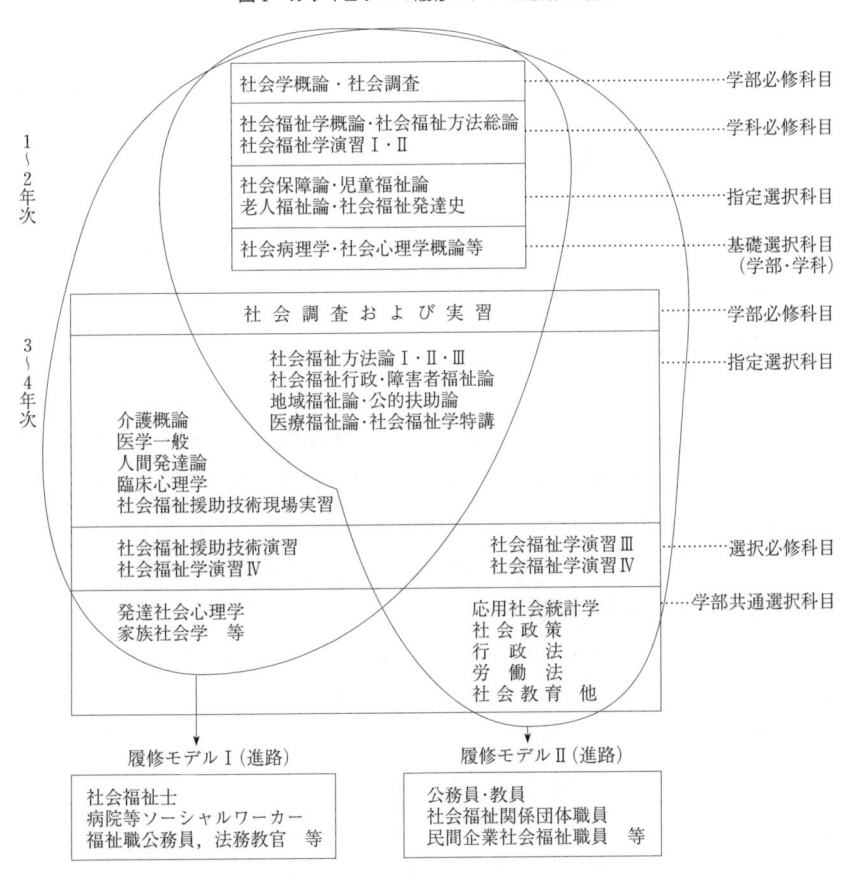

図1　カリキュラムの履修モデルと進路の略図

```
                    ┌─────────────────────────────┐
                    │  社会学概論・社会調査          │……学部必修科目
                    ├─────────────────────────────┤
1         │  社会福祉学概論・社会福祉方法総論        │……学科必修科目
～        │  社会福祉学演習Ⅰ・Ⅱ                     │
2         ├─────────────────────────────┤
年        │  社会保障論・児童福祉論                  │……指定選択科目
次        │  老人福祉論・社会福祉発達史               │
          ├─────────────────────────────┤
          │  社会病理学・社会心理学概論等              │……基礎選択科目
          │                                          │  （学部・学科）
┌─────────────────────────────────────┐
│            社 会 調 査 お よ び 実 習            │……学部必修科目
├─────────────────────────────────────┤
3        │  社会福祉方法論Ⅰ・Ⅱ・Ⅲ                      │……指定選択科目
～       │  社会福祉行政・障害者福祉論                   │
4        │  地域福祉論・公的扶助論                       │
年       │  医療福祉論・社会福祉学特講                   │
次  介護概論                                           │
    医学一般                                           │
    人間発達論                                         │
    臨床心理学                                         │
    社会福祉援助技術現場実習                            │
   ┌──────────────┬──────────────┐
   │社会福祉援助技術演習  │社会福祉学演習Ⅲ      │……選択必修科目
   │社会福祉学演習Ⅳ      │社会福祉学演習Ⅳ      │
   ├──────────────┼──────────────┤……学部共通選択科目
   │発達社会心理学        │応用社会統計学       │
   │家族社会学　等        │社 会 政 策         │
   │                      │行　政　法          │
   │                      │労　働　法          │
   │                      │社 会 教 育  他     │
   └──────────────┴──────────────┘
          ↓                      ↓
      履修モデルⅠ（進路）    履修モデルⅡ（進路）
   ┌──────────────┐ ┌──────────────┐
   │社会福祉士             │ │公務員・教員          │
   │病院等ソーシャルワーカー│ │社会福祉関係団体職員   │
   │福祉職公務員，法務教官 等│ │民間企業社会福祉職員 等│
   └──────────────┘ └──────────────┘
```

して位置付けられている。他方，他学科開講の共通選択科目のかなりの数が1・2年次で受講できることになった。

このような学科目の配置は，基本的には，専門性の重視と同時に，視野の広い人間性の養成を意図している。いいかえれば，単に専門職のためのカリキュラムの配置ではなく，より広い視野から社会福祉を学べる教育内容を用意したということである。新学科の教育目標なり，その特色を端的に示すものに，文部省へ提出した社会福祉学科設置趣旨概要の「新学科の教育目標とその特色」が参考になろう。以下に原文のまま提示してみよう。

(1) 変動する現代社会に対応でき，とくに社会福祉分野からの社会的要求に応える専門的人材を養成する。
(2) 社会学部の中でカリキュラム再編成と関連させて，社会福祉の基礎部門科目を必修科目として，福祉諸分野及び方法・技術（臨床）分野並に福祉の隣接分野・関連分野を選択科目として，新カリキュラムに配置した。
(3) 専門科目を多様に開設し，1・2年次では基礎演習・技術演習，3・4年次では①制度・政策，②臨床・技術コースに分けて教育する。
(4) 社会福祉士の要件を満たしている。
(5) 教育職員免許状については，中学1種「社会」及び高校1種「地理歴史」「公民」の取得要件を満す。

以上が表13を文章化した内容である。なお，資格関係については，社会福祉士についてはもちろんのこと，教育職員免許状取得のために，新たに改訂された厳しい条件にも対応できるように学科目の開講に配慮した。

また，図1は，表13の学科教育課程表をもとにした履修モデルを示したもので，卒業後の進路指針ともなっている。

最後に，学科の専任教員について若干ふれておきたい。次に掲げるのは，学科の教員組織として，文部省に提出したものである。

基礎部門　　　教　授　天野マキ「社会福祉学概論」
　　　　　　　教　授　田村健二「社会福祉方法総論」
　　　　　　　教　授　古川孝順「社会福祉発達史」
方法・技術部門　教　授　池田由子「人間発達論」
　　　　　　　助教授　佐藤豊道「社会福祉方法論Ⅰ」（ケースワーク論）
分野部門　　　教　授　山下袈裟男「老人福祉論」
　　　　　　　教　授　窪田暁子「障害者福祉論」
　　　　　　　教　授　山手　茂「医療福祉論」

以上のように専任教員の研究教育部門と担当科目が示されているが，これはいうまでもなく主要担当科目のみを部門別に整理したもので，実際には，教授は5コマ，助教授は4コマ以上の科目を担当している。なお，上記のうち，池

田，古川両教授は学科増設にあたり増員人事，佐藤助教授は定年退職者の後任人事として，いずれも1991（平成3）年4月に就任している。また，1993（平成5）年4月には，地域，保健医療分野の園田恭一教授がモーゼス・バーグ教授の後任人事として新たに就任が予定されている。それゆえ，社会福祉学科は，この4月から専任教員数は定員通りに9名となり勢ぞろいすることになる。

　このように学科組織の成立に伴いようやく専任教員数も増加し，主要科目のかなりの部分を専任教員で担当できるようになった。また，政策と臨床にかかわる研究教育分野についてもバランスがとれ，両分野に広く対応できる体制もできあがってきた。そして，初代学科主任には山手茂教授が就任し，鋭意，その発展に努めている。

　以上が，社会福祉学科成立の経緯と現状の概観である。

結　語

　以上，5節にわたって標記の課題についてみてきたが，ここで要点をまとめしめくくりとしたい。

　まず，第1に戦後における東洋大学の社会福祉にかかわる研究教育は，社会学部の設置に伴い社会福祉学専攻コースが開設されたことにより開始された。しかし，社会学部設置に至る過程には，戦前，東洋大学と深い関係にあった東京大学文学部社会学科の存在が大きな要件になっている。この人間関係（人脈）が基礎となって学部創設につながり，結局，社会福祉学専攻コースを生みだす要件となっている。

　第2に，その専攻コースの開設にあたっては，大学の創設者井上円了の哲学・教育理念を根底にすえ，戦前の社会事業科を復活させ，社会学を基礎科学として，主に社会的技術者（ソーシャルエンジニア）の養成を教育の目標として設置している。これは今日のいわゆるソーシャルワーカーと呼ばれる専門職種よりかなり広い対人的な仕事に従事する職業人を予想していたものと思う。しかも，これらの発想は社会学者によるものであったところにその特色があった。

　第3には，社会福祉学専攻コースが，研究教育活動を始め，漸次，専任教員も増加し，かつ，社会福祉学の専門的研究が進展する過程で，次第に専攻コー

スとしての独自性をもつようになった。その徴候はすでに1960年代後半に少しずつみられたが，その典型的事例は，1974（昭和49）年度における大学院修士課程の教育課程表の改訂や1978（同53）年度における大学院博士課程の設置とその教育課程表にみることができよう。この段階で社会福祉学専攻は，大学院制度において社会学専攻と同等の地位に立ち，かつ研究の柱として政策論的研究，歴史的研究，技術論的研究という三つの研究領域を明らかにし，学としての独自性を明らかにした。したがって社会福祉学にとっては，基礎科学として社会学のほか，経済学，心理学等も重要な学問分野となっている。

　第4は，社会福祉士制度との関係である。この制度はいうまでもなく，社会福祉にかかわる専門職制度であるから，この資格要件を満たすことが社会福祉学専攻コースの特色となるので，本制度の成立後，専攻の総力をあげて直ちに対応した。その社会的要求は今後一層強まるものと推測されることから専門職的教育への努力は当然の方向であった。そして専門教育課程表の大幅な改訂と現場実習という骨の折れる作業を教職員で担うことになった。しかし，大学における社会福祉教育は，単に専門職人の養成だけではないことはいうまでもない。それゆえ，専門職制度と大学の福祉教育のあり方については，今後も引きつづき検討されるべき要件を構成している。

　第5は，社会福祉学科の成立についてである。社会福祉学科増設の件は，専攻における大学院制度の完成とともに始まったが，不幸にも，大学の校地取得対策の遅れや国の都市型大学に対する学科設置基準の引きしめ政策による外的要因などとともに，学科成立には12年間の歳月を要した。しかし，学科の成立は，社会福祉学専攻コースが単に学科に昇格したということだけではなく，正に1959（昭和34）年度に成立した社会学部の学科構成を変更し，3学科制として学部にとって新しい時代の幕明けを意味しよう。その意味では，社会福祉学科の今後の研究教育活動のあり方は学部にとって極めて重要な要件になるものと思う。

　以上のように，戦後の東洋大学における社会福祉教育は，国の社会福祉制度の展開過程と密接にかかわりながら，同時に大学の内的諸条件とも深く関連して，長い歴史的経緯と多くの教職員の努力により今日に至った訳で，いま，そ

第3章　ある福祉教育の記録

の歴史の重みを噛みしめているところである。

　なお，終わりにあたって平凡ではあるが注目したい点を二つほど指摘しておきたい。

　一つは，戦前・戦後を通して学部，学科，専攻など新しい制度を創るにあたっては，必ず「建学の精神」に立ち戻り，新しい意味付けをしていることである。いま，東洋大学は，教育課程の再編成という大きな課題に全学をあげて取り組んでいるが，正にここで建学の精神をどう生かしていくかが問われているところである。

　もう一つは，戦前・戦後を通して共通に現れている現象に，すぐれた人脈があって，それがその後の発展に大きな影響を与えていることである。人間関係のもつ重要性を示している。いま，東洋大学は大きな変革期にあるが，いまこそこの歴史の教訓を自らのものとして生かしていくことが望まれるところである。

（1993年1月記）

注

(1)　『国民の福祉の動向（昭和60年度版）』厚生統計協会，288-289頁。
(2)　『社会事業要覧』社会局，1923（大正12）年5月，5-8頁，千代田印刷。
(3)　『日本社会事業年鑑（大正11年度版）』文生書院，30頁。
(4)　同上，24頁。
(5)　同上，110頁。
(6)　『東洋大学八十年史』1967年11月，22頁。
(7)　当時の教育組織は次のとおりである。
　　　大学部　第1科（哲学宗教諸科）
　　　　　　　第2科（国語・漢文専攻）
　　　専門部　第1科（倫理教育諸科）（倫理教育，哲学，英語を主とし併せて感化救済・社会教育に関する知識を授く）
　　　　　　　第2科（哲学，宗教諸科）
　　　大学部研究科（修業年限1箇年）―大学部の上に研究科を置く。
(8)　『東洋哲学』第19-2号，1912（明治45）年2月，56頁。
(9)　資料は注2と同じ。
(10)　『東洋哲学』第26-11号，1919（大正8）年，76頁。
(11)(12)　『東洋哲学』第28-2号，1921（大正10）年2月，50頁。

(13)(14) 『東洋哲学』第8-7号，1921（大正10）年7月，33頁。
(15)(16) 『東洋大学八十年史』前掲，320頁。
(17) 同上，321頁。
(18) 日本社会事業学校連盟発行『J.A.S.S.W.ニュース』（昭和37年7月号）。
日本社会事業学校連盟会員名簿各年度版。
(19) 1960（昭和35）年6月20日付「社会学部会報（第1号）」ほか，白山社会学会第5回大会における東京大学名誉教授福武直の「特別記念講演」及び同10回大会における明海大学教授塚本哲人の「特別記念講演」等による。
(20) 『東洋大学要覧（1958年版）』22頁。
(21) 「とげぬき生活館」は1959（昭和34）年4月に開設されている。高岩寺住職，来馬道断は，東洋大学出身でかつ，大学の法人理事でもあったことから，米林富男，塚本哲など社会学部所属の教員が中心となり，法学部，経済学部の一部の教員の協力により組織されたもので，庶民の寺への浄財の一部を，いわゆるなやみごとをもつ庶民に返すといった趣旨で無料による人事，法律，経営等の相談事業が実践された。
(22) 米林富男資料 No. 541。

第3章　ある福祉教育の記録

（資料２）　　　　　　　東洋大学社会福祉専門教育関係者・担当教員一覧

（敬称略，○印は本学専任教員）

［戦前］
○赤神　良譲　　　○朝原　梅一　　　　氏原　佐蔵　　　　岡村　準一
　小河滋次郎　　　　小野　正康　　　○加藤熊一郎　　　○勝水　淳行
　金子　準二　　　　川上　寛三　　　　桑田　芳蔵　　　○小沢　　一
　小島　幸治　　　　斉藤　樹　　　　○境野　哲　　　　　佐々井信太郎
　三田谷　啓　　　　鈴木　孔三　　　○関　　寛之　　　○高島平三郎
○高田　慎吾　　　　暉峻　義等　　　○中島　徳蔵　　　　生江　孝之
　服部　之総　　　○富士川　游　　　　三宅　鉱一　　　　森田　正馬
○矢吹　慶輝　　　　渡辺　海旭

［戦後］
　石本　忠義　　　○磯村　英一　　　○今岡健一郎　　　　一番ケ瀬康子
　市川　一宏　　　　宇留野功一　　　　上田　千秋　　　　江口　英一
　大山　博　　　　　大竹　太郎　　　　大野　勇夫　　　○恩田　彰
　小川　政亮　　　　梶原　武雄　　　　川上　昌子　　　　河田　正勝
○菅野　重道　　　　黒田　俊夫　　　○孝橋　正一　　　　小松　源助
　児島美都子　　　○五島　貞次　　　○佐藤　恒信　　　　佐藤　進
○坂口　順治　　　　桜田百合子　　　　壽田　鳳輔　　　　副田あけみ
　園田　恭一　　　　高橋　種昭　　　　高橋　重宏　　　　高山　忠雄
　高沢　武司　　　○田中　壽　　　　　田端　光美　　　　地主　重美
　鎮西　恒也　　　○塚本　哲　　　　　東條　光雅　　　○土井　正徳
　星野　信也　　　　阿和　嘉男　　　○松本　武子　　　　前田　正久
　前田　大作　　　　村井　隆重　　　○村田　宏雄　　　　松村　常雄
○モーゼス・バーグ　森田　明美　　　○内藤　文質　　　　仲村　優一
○藤島　岳　　　　　藤森　岳夫　　　　矢野　聡　　　　　山口　春子
○吉沢　英子　　　○吉田　久一　　　　米林　喜男　　　　渡辺　定
　渡邊　益男

社会福祉学専攻所属の専任教員の就任動向一覧（戦後）

塚本　哲（S.34年4月〜45年3月）→坂口　順治（S.45年4月）
土井　正徳（S.40年4月〜41年中途・逝去）→○田村　健二（S.42年4月）
内藤　文質（S.34年4月〜53年3月）→松本　武子（S.53年4月）
孝橋　正一（S.48年4月〜54年3月）→五島　貞次（S.54年4月）
松本　武子（S.53年4月〜55年3月）→吉沢　英子（S.55年4月）
今岡健一郎（S.53年4月〜59年5月・逝去）→吉田　久一（S.60年4月）
五島　貞次（S.54年4月〜59年3月）→菅野　重道（S.59年4月）
坂口　順治（S.45年4月〜57年3月）→○天野　マキ（S.57年4月）
吉田　久一（S.60年4月〜62年3月）→田中　寿（S.62年4月）
吉沢　英子（S.55年4月〜63年3月）→○山手　茂（S.63年4月）
菅野　重道（S.59年4月〜H.1年3月）→○窪田　暁子（H.1年4月）
田中　寿（S.62年4月〜H.3年3月）→○佐藤　豊道（H.3年4月）
モーゼス・バーク（S.28年4月〜H.4年3月）→○園田　恭一（H.5年4月）
　　　　　　　　　　　　　　　　　　　　○山下　袈裟男（S.30年4月〜）
　　　　　　　　　　　　　　　　　　　　○古川　孝順（H.3年4月〜）
　　　　　　　　　　　　　　　　　　　　○池田　由子（H.3年4月〜）

（注）○印を付した教員名が平成5年1月現在の社会福祉学科専任教員。但し、園田恭一は平成5年4月から専任教
　　　員となる。（平成5年1月現在）

参考文献

〈戦前関係〉

『東洋大学八十年史』1967年11月。

『日本社会事業年鑑（大正9～同15年）』文生書院。

『社会事業要覧（大正9年）』社会局。

『東洋哲学』No. 24，26，27，28，29，1917～22（大正6～11）年。

『観想』第一，二，1924（大正13）年。

『東洋大学一覧（大正10～昭和7年各年度版）』。

『東洋大学史紀要』No. 1～No. 4，1985～86年。

竹内利美『社会教育要説』明玄書房，1963年。

藤田貴恵子・阪野　貢「戦前の社会事業教育研究報告」（『社会事業研究所年報』第21号所収）1985年9月。

藤島　岳，他「社会事業に関する大学教育の成立とその動向——東洋大学社会事業科の成立過程と富士川游について」（『東洋大学昭和59年度別研究報告書』所収）。

藤島　岳，他「東洋大学における社会事業教育の展開過程について——社会教育社会事業科成立時代を中心として」（『東洋大学昭和60年度別研究報告書』所収）。

『井上円了研究』No. 1～5，1981～1986年。

「甫水論集」（復刻版）『井上円了研究　資料2』1982年3月。

「円了講話集」（復刻版）『井上円了研究　資料3』1982年3月。

〈戦後関係〉

米林富男提供資料。

『東洋大学八十年史』1967年11月。

昭和34年度以降の『学部・履修要覧』各年度版。

昭和41年度以降の『学部・履修要覧』各年度版。

大学院設置申請書（昭和41年度分，同53年度分）。

社会福祉学科設置申請書（平成4年度分）。

昭和34年度以降の「東洋大学教職員名簿」各年度版。

『東洋大学史紀要』（1984年版）。

第4章

社会学と社会福祉研究―視点と方法
―『戦後の社会変動と高齢者問題―実証的研究の軌跡―』の補遺として―

はじめに

　1998（平成10）年10月に出版した『戦後の社会変動と高齢者問題』（ミネルヴァ書房）は，幸いにも多くの読者からかなりの好評を得たり，『社会政策学会誌』第4号（通巻24集）の書評「高齢者の保健・医療・福祉」でとりあげられるなど学会関係でも一定の評価がなされた。その意味では共同研究者らとともに素直に喜びを分かち合いたいと思う。

　しかし私個人としては，この著作を実際に手にして読み返してみた時，本書のはじめにはもう少し明確な形で，本書の研究視点と方法を明らかにするのが親切だったのではないかと感じた。そしてもし，本書に増版の機会があれば，その時に補遺として追加したいと思い書いたのが，このたびの論稿である。

　ここでは，はじめに「実証主義の社会学」の解説として A．コント及び E．デュルケムの社会学理論をとりあげた。次いで「調査研究をめぐる若干の考察」として，実証主義の研究方法の実際についていくつかの調査事例とともに解説した。

　調査研究にあたっては，基本的には社会学的視点にもとづいてその問題の所在に接近するが，望ましい施策の展望については福祉的観点から考察している。なお私は，日本の地域社会の研究にあたっては，日本農村社会学の研究成果である村，家，同族団等々の研究を下敷きに，この上に実証主義の社会学的理論を組み立て分析したつもりである。

　この程度の内容では，敢えて解説するまでもないとの批判も当然あり得ると

思うが，とりわけ社会福祉研究を志す学徒にとっては参考になると思う。

(注)　なお，本書は弘文堂発行『日本史文献事典』(2003年11月) に重要文献の一つとして集録された。

1　実証主義の社会学

　私の社会学の基本は実証主義の社会学，とりわけデュルケム社会学にもとづいている。ここにいう実証主義の社会学とは，いうまでもなくフランスのオーギュスト・コント (A. Comte, 1798-1857) によって創設された社会学とその精神を継承した一連の社会学をいうが，ここではコントとデュルケム (E. Durkheim, 1858-1917) の社会学について調査研究とのかかわりで基本的と思われる要点をとりあげて紹介したい。コント[1]をとりあげたのは，デュルケム社会学への発展の経緯を示すためである。

　A. コントは『実証哲学講義』(Cours de philosophie positive, 6vols., 1830-42) において，実証哲学の体系化，いいかえれば諸科学の序列化と社会現象に関する実証科学の建設，すなわち社会学の建設を意図した。コントによれば，人間精神の全般的発達は，いわゆる三状態の法則といわれる神学的状態，形而上学的状態，そして実証的状態を順次に経過する。したがって現象の研究にあたっては，神学的方法，形而上学的方法，実証的方法を採用することになる。そしてこのうち実証的方法を基礎づける人間精神は相対的観念であるとする。コントは『実証精神論』(Discours sur l'esprit positif, 1914) の中で「実証的」(positif, positive) という語は現実的，有用，確定，正確，積極的，相対，の意味を付与した。コント研究者の田辺寿利によれば，最後の相対 (relatif) の用語は，神学的，形而上学的哲学の基礎をなす絶対 (absolu) に対するもので最も根本的[2]なものとしている。いいかえれば，相対的精神は本来の意味の科学的精神の基本的要件を構成している。

　以上のような実証精神にもとづいてコントは諸科学の分類をしている。その分類にあたっては諸科学の相互依存関係を現象の普遍性と特殊性あるいは単純性と複雑性を基準に分類している。そして実証哲学は基本的科学として数学，

天文学，物理学，化学，生物学及び社会物理学すなわち社会学の順に序列化されている。このように社会学は，最も複雑な科学として序列の最後におかれており，また同時に，社会学は社会物理学と呼ばれているように，社会現象を自然現象と同じように研究されること，いいかえれば社会学が神学や形而上学から分離されて研究されるべきことを示している。そしてコントは生物学と対比して社会学の対象領域を明らかにしている。「有機的物理学（La physique organique）あるいは生物学（physiologie）は個体の科学である。反対に社会物理学（La physique sociale）は種の科学になる。なぜなら，A. コントは常に人類（l'espèce humain）を"広大かつ永久的な社会単位"と見做していた」と。端的にいえば，社会学は人類の科学として位置付けられた。[3]

次いでコントは，社会現象の研究区分を生物学の例にならって「社会の存在条件の基礎的研究」と「社会の継続的運動の諸法則の研究」に区分した。前者は社会の解剖学的研究ともいえる「社会静学」で社会の秩序の研究に，後者は解剖学に対する生理学的研究にあたる「社会動学」で社会の進歩の研究に対応する研究区分である。また，コントは実証哲学の諸科学の研究方法を明らかにしている。すなわち，数学を除いた上記諸科学の研究方法には，観察法，実験法，比較法及び歴史法がある。このうち前三者は全科学に共通する方法であるが，歴史法は社会学に特有の方法であるとした。

以上はオーギュスト・コントの社会学の基本点であるが，ここで最も顕著な点は，自然諸科学が自然現象を必然的関係の研究，いいかえれば決定論的観点（idée déterministe）によって研究しているが，社会学も社会現象を同様な観点から研究されなければならないということであった。これは正に実証主義社会学といわれる所以である。

さて，デュルケム社会学は，コントの実証的精神を継承し，さらに独自の社会学へ発展している。いうまでもないことであるが，社会学が一個の科学になるためには，まず研究対象が他の諸科学と混同されない固有の対象が不可欠の要件である。そこでここではデュルケム社会学についてコント社会学との対比を通して次の3点をとりあげてみる。①研究対象，②研究区分，③研究方法がそれである。

デュルケム社会学については，すでに多くの研究書や訳書によって紹介されているが，ここではデュルケム著，田辺寿利訳『社会学的方法の規準』（創元社，1942年7月）（以下，「規準」と略す）及びデュルケム著，田辺寿利訳『社会学と諸社会科学』（フランス学会編，科学研究法所収，刀江書院，1930年1月）（以下，「社会学」と略す）を主に参照しながら整理してみたい。

　まず，研究対象については，コントは社会学を生物学と対比して「人類の科学」として社会学の領域を限定したけれども，研究対象そのものについては必ずしも明確ではなかった。他方，デュルケムは社会学の対象を社会的事実（fait social）に求め，その特性を明らかにすることを通して研究の発端としている。

　彼の著作「規準」では「社会的事実とは何か」を第1章に，第2章には「社会的事実の観察に関する規準」を，第5章には「社会的事実の説明に関する規準」がそれぞれ設けられて詳しく説明している。第1章の冒頭でいかなる事実が「社会的」と呼ばれるかを知る必要があるとしてその特質を追求している。そして各種の例示のあと，次のように指摘している。「だからここに，諸個人意識の外部に存在するという顕著な属性を示すところの行為の，思惟の，また感得の様式（manières d'agir, de penser et de sentir）があるのである。このような行為或いは思惟の類型は，ただ単に個人に対して外在的だというばかりでなく，個人の欲すると否とに拘らず個人を制肘するような，一種の命令的，強制的な力を賦与されている[4]」。このように社会的と呼ばれる事実は，個人意識に対して外在性と強制力（拘束力）をもつ一種独特の集合的事実なのである。それならば，こうした特質はどこからきたのか。この点については「規準」第5章の一節に次のように示されている。「社会は諸個人の単なる和ではなくて，諸個人の結合によって作られた組織であり，固有の諸特徴をもつ一つの特種的実態を示すものである。もちろん個々の諸意識が与えられていないならば，集合的のものは決して生じないであろう。しかし，その必要条件は充分なものではない。更に，これらの意識が結合されて化合され，しかもある一つの様式で化合されねばならぬ。したがって化合こそ社会生活を説明するものである[5]」と。

　このように社会生活は諸個人意識の結合による集合意識（conscience collective）の所産であり，それ故にこの集合的事実は個人意識に対して外在性と一種の強制力（拘束力）をもつことになる。こうして社会的事実は有機的諸現象とも心理学的諸現象とも区別される独自の研究対象としたが，当初はフランスで外在性と強制力をめぐって大いに議論があったようである。「規準」第2版序文でデュルケム自身がこの点に言及している。いまこの点と関連して次のような一節がある。「社会的諸信念及び諸行動がこのようによし外部から我々に浸透するからといって，それらは必ずしも我々がただ所動的（passivement）にまた変更を加えずにそれらを受け容れることを意味しない。我々は，集合的諸制度を理解し且つ我々をそれらに同化することによって，我々はそれらを個人化し，それらに多少とも我々の個人的標示を与える」と。また，強制力については「なお我々が社会的事実に与えたこれらの強制力は，社会的事実の全部であるどころか，社会的事実にこれと反対な特質をも同時に標示することすらできる。なぜなら，諸制度は我々を強制するが，それは同時に我々は諸制度を支配するからである」と。やや長い引用になったが，以上のようにデュルケムは社会学の構築にあたってまず，諸個人の結合による社会ないし集団によって形成された諸社会現象，すなわち社会的事実を研究対象として決定した。そしてこれら社会的諸事実の現れ方に応じて研究区分を明らかにしている。

　デュルケムは社会学の研究区分をコントの社会静学と社会動学に対する批判を通して社会形態学（La morphologie sociale）と社会生理学（La physiologie sociale）に区分している。デュルケムは「社会学」の中でコントの社会静学の対象は不明確であったし，社会動学についてはそれが取り扱う問題が単一である。すなわち三状態の法則の探求が唯一の目的となっている。しかるに実証的諸科学は社会生活の諸相に対応する異なった諸科学を包含すべきであるとして，社会的諸事実の組織的分類はまだ尚早ではあるが，主な研究部門は挙示できるとして各研究部門について説明し，最後にその諸部門を以下のように示している。

　このうち社会形態学は(1)と(2)の例示のように，地域，その位置，大きさ，形状等地理的諸要素やそこに居住する人口の構成，諸個人が地上に配置される様式—都市的とか村落的とかいった人口的諸要素等社会を外部的，物質的形態の側面から研究する。そして社会生活を形成しているこれら諸因子を基体（Le

> 社会形態学
>   (1)社会組織との関係における諸民族の地理的研究
>   (2)人口の量，密度，地上における配置に関する研究
> 社会生理学
>   宗教社会学，道徳社会学，法律社会学，経済社会学，言語社会学，
>   芸術社会学
> 一般社会学

substrat）と呼び，これは丁度，個人の心理的生活が脳の解剖学的構造に応じて変異すると同様に，この社会の基体の構造に応じた社会諸現象は変異するとしている。この基体を解剖する一つの科学が社会形態学であるとした。他方，集団生活の基体の外に，集団生活それ自体がある。これは丁度，生物学において解剖学の外に生理学が存在するように，社会形態学の外に，諸社会の生命的諸現象を研究する社会生理学が存在する。そしてこれはそれ自身複雑なものであるから多数の特殊科学を包含している。こうしてデュルケムは社会生理学に包含されるべき諸科学を表に示すように六つの部門について説明している。

　一般社会学については，前二者の特殊諸科学からでてくる一般的諸帰結を総合する科学で，科学の哲学的部分を構成するが，総合の価値は，分析の価値に依存するので，まず前二者の研究が社会学の緊急な課題であるとしている。以上のように，デュルケムの研究区分は，コントと同様に二つの部門に分けられるけれども，その包含する研究部門はコントにみられなかった多様な複数の特殊諸科学の部門によって構成されている。

　そこで最後に研究方法についてみよう。コント社会学の研究方法には，他の諸科学に含まれなかった歴史的方法—総体から部分への手順にしたがって研究する。すなわち社会の諸要素はその発達において連帯的で不可分であるから部分的諸実態の研究にあたっては，人類進化の総合的観念に基礎をおいて吟味すること，端的にいえば，人間精神の発達の法則によって演繹検証する方法—が加えられ，これが重視されたが，デュルケムはこれを批判して社会学に適合するのはただ比較的方法だけであるとした。デュルケムは「規準」第5章「社会的事実の説明に関する規準」の中で，コントの三状態の法則については「それ

は，人類の経過した歴史の上になされたところの，一つの概略的な瞥見である」とし，また，第6章「証明の処理に関する規準」の中では，コントは比較的方法については充分な判断をもっていなかったことを指摘している。

さて，デュルケムの社会学的研究法は「規準」と「社会学」の中でさまざまな側面から論述されているが，ここでは「社会学」の中から要点を紹介しよう。社会学研究法には二つの方向がある。その一つは社会学の主たる問題が政治上，法律上，道徳上，経済上，宗教上等の制度や信念がどのように出来あがるか，どんな原因によるのか，どんな有用目的に対応するか等々を問うことがある。この場合は比較歴史（historie comparée）が社会学の道具となる。すなわち，一つの制度を理解するためには，それが何によって作られているかを知らねばならない。しかるにそれは複雑な一つの全体からなっているので，その諸部分に切り離して説明し，それが再び合成される方式を明らかにしなければならない。この諸部分を発見するには歴史という分析の道具が必要となる。「故に社会学は，大部分，ある種の方式によって理解された一種の歴史である」という。しかし歴史家も社会的事実を取扱うが，彼らは特殊的側面に主たる視点をおくが，社会学者は普遍的諸関係，すなわち法則発見につとめる。それは丁度「歴史が社会学に対する関係は，個々に離して取扱われるラテン文法，キリシャ文法，フランス文法が比較文法と名付けられている新科学に対する関係に等しい」と。

もう一つの研究方法は，社会学的諸比較の材料が歴史以外の他の領域に要求される場合がある。たとえば，殺人を禁ずる規定がどこからきたかではなく，この規定を犯すようになる原因の発見に専心することがある。同様に婚姻が早期に行われたり，行われなかったりする諸原因などを見出そうとするなどはその例である。この場合は統計の援けをかりることになる。以上二つが社会学研究法の基本であるが，決して忘れてはならないことは，いわゆる予先観念を一掃することであると。

なお，「規準」の中には多くの研究方法が述べられているが，その点は次節で必要に応じてとりあげたい。以上，コントとデュルケムの社会学についての要点を私なりに概括した。そこで次に私が調査研究にあたって，これら社会学的理論をどのように受けとめて利用しているか等を含め，若干の事例とも関連

させてその要点を概説したい。

2　調査研究をめぐる若干の考察

1) 実証性と価値

　本書の副題に実証的研究としたのは，コントやデュルケムの社会学を根拠にしたことにもよるが，もっと一般的にいえば，事実にそくして研究した内容であることを示した。今日では社会学の研究にあたっては，実証的研究は当たり前になっているが，コントやデュルケムが社会学を構築していた時代には，神学や形而上学からいかに社会的事実をひきはなして研究するかという点については大変な努力が必要であった。実証的研究とは，科学的研究と同意語であるが，結局，この考え方にもとづく研究は，あ・る・べ・き・ものを研究するのではなく，過去にあ・っ・た・もの，現在あ・る・ものを研究することである。

　さて，本書の主題は高齢者問題にかかわっているが，これは問題が何処からやってきたかという側面の研究とその問題自体の研究がまずとりあげられるが，もう一つは高齢者を含む福祉の問題，いいかえれば，いかなる福祉政策なり施策がのぞましいかといった側面の研究が包合されている。前者は，過去にあった，あるいは現在ある側面の研究であるが，後者にはあるべき側面の研究がかかわってくる。すなわち価値の領域である。前者の実証性と後者の価値は相異なった概念であるが，科学は実践を予想するという観点から本書では実証性を前提に，それにそくして一定の望ましい価値の領域に言及している。

2) 比較的研究の実際

　社会学的研究にあたって，比較的方法を使用する場面はいろいろある。ここでは調査事例のうち，調査地の選定，調査地区の選定及びその他について少しふれてみたい。

　一般的には，調査地及び調査地区の選定は研究方法と併せて考慮されよう。本書の調査研究事例は，基本的には比較研究を予想してそれらの選定を心掛けている。

第4章　社会学と社会福祉研究—視点と方法

　デュルケムは調査地や調査地区の選定についてとくに言及していないが，「規準」の第4章「社会類型の設定に関する規準」の中での研究方法はこれらの点に一つの示唆を与えている。たとえば，社会類型設定にあたっては，各個の社会を個別的に研究するモノグラフィ方法によって次々とモノグラフをつくり，それらの相互比較の後に類型を設定する方法があるが，これは不適当である。社会の個体にあらわれた特徴のうち慎重に選ばれた少数の特殊的諸属性に注目して研究の発端にすることを提示している。「一つの事実が一つの種において普遍的であるかどうかを知るためには，この種の属するすべての社会を観察する必要はなく，それらの若干を観察するだけで足りる」と。[14]

　さて，本書の調査研究事例は各種の研究目的によって実施されているが，これらの調査事例のうちまず，調査地選定にあたって比較研究を予想して選択した事例をとりあげたい。

　第1章は「土地所有と村落構造」にかかわる研究である。この調査地は一行政町の一地区で，一般的には日本の何処にもみられる集落であるが，この地区は幕藩時代の行政村が次第に町や市の行政区域に包含されたけれども昭和30年代まで一つの集落として他の集落と合成されることなく存続し，且つ明治以降，稲田養鯉を営む典型的な地区として存在するという特殊的諸条件に着目して研究の発端としたことである。その意味でこの種の属性をもつ村落共同体研究ないし村落構造研究にとって比較されるべき一つの範型を示すことができたのではないかと思っている。

　もう一例は第7章「農村の高齢者と在宅支援システム」をとりあげてみる。この事例は長野県の農村地域の一行政町が選ばれたが，この研究目的は在宅の高齢者支援体制にかかわるものであった。それ故，村落の構造というよりも，保健，医療，福祉にかかわるサービス供給体制とその機能の研究が主眼となる。そしてここではサービス供給主体の柱は，行政と大病院の結合が中核となっているところに着目して研究の発端とした。したがってサービスの供給主体としては，これ以外に行政と複数の病院や施設をもつ市町村やあるいはそれらを欠いている市町村等，多様な組み合せによる市町村が存在するので，将来，それらのうち適切な分類による比較研究を考慮しての調査地の選定であった。

次に調査地区の選定についてとりあげてみよう。第3章「農村の変容と高齢者」は大変わかりやすい事例である。これは予め熊本県下の「農村と老人」が研究の大前提となっていた。それ故，ここでは県下の農村をどのように選び出し，対象地区をどのように設定するかにかかっていた。基本的に県下の全町村の生活の基礎となる生産基盤の諸要件から分類した。その結果は水田耕作を中心とする町・村，果樹（みかん）栽培を中心とする町・村，水田耕作と畑作の混合地としての町・村及び農・漁業混合地としての町・村に区分できた。この結果，最終的には本書に示すように典型的な四つの類型にもとづく対象地区の設定となった。この地区の分類は比較研究の前提条件である。また，第5章「人口減少地域自治体の福祉施策と高齢者問題」は，文字通り二つの自治体の比較調査事例であるが，大浦町，村山市の高齢者の生活実態調査を実施するに際して，いずれも2地区ずつ―山間地と平坦地及び農村地区と都市的地区―を選び比較研究を実施している。

　以上は，調査地区の事例であるが，このほか第1章の「養鯉の発達と指導者層の変化」にみられる歴史的年代区分―明治20年，同40年，大正15年，昭和21年，同30年―による事項の説明及び第3章「農村の変容と高齢者」における対象地区の一定期間後の再調査などは比較歴史の例である。これ以外にも各章にいろいろなレベルで比較的方法が実施されている。

3）地域社会と社会形態学的分析

　デュルケムの社会形態学についての説明はすでに紹介したが，「規準」の第5章「社会的事実の説明に関する規準」に次のような提言がある。「何等かの重要性をもつあらゆる社会過程の最初の起源は，内部的社会環境の構成のうちにおいて求められなければならない」[15]と。

　周知のように，デュルケムの社会的事実の説明には，先行の社会的事実によってしか説明できないので，その形成過程の考察には比較歴史の方法によるが，上記の提言はこれと併せてそれら内部的社会環境に注目して研究されなければならないとしている。そして内部社会環境には二つの要素―物と人―がある。前者は物質的諸物体のほか，先行の社会的活動の所産としての法律，諸習俗，

文学上，美術上の諸作品等を含む。後者は人間環境を指し，人口の量，社会の容積，密度等を含み，これらのうち人的環境が社会を動かす積極的要因としている。

さて，本書の調査事例は，そのほとんどが地域社会を前提とした研究で，どの調査事例をとっても社会形態学的分析は必要不可欠となっている。それ故，どの調査事例も物的諸条件と人間的諸条件の歴史的経緯を明らかにしているし，また，それぞれの市・町・村が一つの自治体として合併ないし分離してきた歴史等も基本的要件として記述し，変化の動向を明らかにしている。一般的には，社会構造や社会生活そのものの研究に重点がある場合には，この分析方法は極めて有効である。たとえば，第1章「土地所有と村落構造」はその典型であろう。反対に第7章「農村の高齢者と在宅支援システム」においては，社会のサービス供給主体とその機能についての研究が焦点になっていることから社会形態学的説明は簡略されている。以上のように，各章における分析方法の適用は，その研究目的に応じて考慮されている。

4）社会福祉と社会生理学的接近

すでに考察したように，デュルケムの研究区分には社会形態学のほかに社会生理学の部門があって六つの部門[16]があげられていた。しかし，この中には社会福祉の部門は含まれなかった。20世紀初頭の頃としては止むを得ないことであろう。今日では社会福祉の制度とその実践活動は，国際的にも一つの大きな社会的存在となって社会的機能を果たしている。それ故，その体系的研究は今後に俟つとしても，今日ではこの領域は福祉社会学として社会生理学部門に位置付けすることができよう。そして福祉社会学の研究には，恐らく次のような研究領域が考えられよう。①社会福祉の制度・政策の成立とその実施のプロセスの研究，②その諸制度の仕組みと機能の研究，③社会福祉にかかわる機関，団体，施設等それ自体の社会的存在と機能の研究等。

さて，本書では基本的には市・町・村という行政上の範域を前提とした地域社会を対象として，そこに展開される福祉政策と行政の実践にかかわる動向を主に国，都道府県の政策と併せて研究する仕方で接近した。そして基本的には

地域社会をベースとしているので，社会福祉にかかわる社会生理学的研究は，それ自体を独立させて研究するのではなく，社会形態学的分析と併せて接近している。しかし，各章それぞれ研究目的が異なるので社会形態学的分析と社会生理学的研究に占める全体の割合はそれぞれ相違している。とりわけ第7章は，社会生理学的研究を最もよく示した事例といえよう。以上がこの節の要点であるが，最後に多少注意を要する事項ないし残された課題として，次の2点についてとりあげ，本稿をしめくくりたいと思う。

結びにかえて

まず，調査資料と実践の関係である。デュルケムは社会学に最も適合する研究方法は比較的方法とした。そしてその目的は社会現象における法則の発見にあった。本書でも比較的方法を心掛けて使用してきたし，これらの比較を通して一定の傾向を明らかにするように努めてきた。ところで法則は本来，普遍的特性をもっているが，社会福祉におけるサービス提供のような実践にかかわる領域においては個別性が要求される。それ故，比較的方法にもとづく調査研究資料を実践のために利用するには一定の限界があるので，実践に直接役立つための研究には，いうまでもないことであるが，その目的に応じて工夫された調査事項による事例的研究が併せて必要な要件となろう。

次に，社会生理学的研究についてであるが，本書では研究対象が市・町・村をベースとした地域社会にかかわってきた関係上，社会福祉の領域の研究にあたっても，社会形態学的分析との関連を通して研究する場合が多かった。しかし，これと並んで他方では，各種福祉団体それ自体の社会生理学的研究が必要である。1998（平成10）年3月には，特定非営利活動促進法，いわゆるNPO法が成立したり，民間の営利団体さえも福祉の分野への参入が見込まれているので，今後，公的介護保険制度の発足とも関連して多様な福祉サービス供給団体の成立とその事業への参入などが増大しよう。それ故，従来型の福祉団体—社会福祉法人，社会福祉協議会，福祉公社などのほか，農協，生協，医療団体，その他民間の非営利団体及び民間営利団体そのものの社会生理学研究が必要不

第4章　社会学と社会福祉研究—視点と方法

可欠となろう。これは今後に残された課題である。

　以上は調査研究にあたり，私が主にかかわってきた研究の視点と方法の概要である。これらは私が依拠する社会学を基礎として問題に接近した内容であるが，高齢者問題に対応する福祉にかかわる政策と実践の課題は，一つの科学だけで対処できるものでなく，問題の局面に応じて諸科学の協力による研究が必要不可欠で，これは今後さらに重要な課題となろう。　　　　（1999年4月記）

注
(1) ここで取扱うコントについては，コントの前期思想としての知識哲学にかかわる領域に限定した内容で，後期思想としての道徳哲学についてはふれない。なお，コントの叙述にあたっては，主に田辺寿利著『コントの実証哲学』（野村書店，1947年7月）に依拠した。
(2) 田辺寿利著『コントの実証哲学』前掲，125頁。
(3) Armand Cuvillier : Manuel de Sociologie, Presses Universitaires de France, 1958, p. 16.
(4) エミール・デュルケム著，田辺寿利訳『社会学的方法の規準』創元社，1942年7月，47-48頁。
(5) 同上，231頁。
(6) M. デュヴェルジェ著，深瀬忠一・樋口陽一訳『社会科学の諸方法』勁草書房，1968年1月，23頁。
　「エミール・デュルケムの著名な集合意識の理論は，スペンサーとタルドとの相反する観点を融和しようとする意欲にもとづく努力であった」との指摘がある。なお，いうまでもないことであるが，スペンサーは社会有機体説の論者でタルドは心理主義的社会学の提唱者である。デュルケムは個人と集団にかかわる捉え方として共同体的観点の強い前者と個人心理学的観点の強い後者のいずれにも偏らない独自の立場を求めたことになる。
(7) 注4と同じ，37頁。なお，文中の原語は私の判断で付け加えたものである。
(8) 同上，33頁。
(9) E. デュルケム著，田辺寿利訳「社会学と諸社会科学」（フランス学会編『科学研究法』刀江書院，1930年1月所収）60-61頁。
(10) J. S. ミルは，A. コントの歴史法を，逆の演繹法として彼の『論理学体系，第6書，社会科学の方法論』の中に一章を設け「逆の演繹的な，則ち，歴史的な方法について」

として，その妥当性を評価している。

　　J. S. ミル著，A System of Logic. 伊藤安二訳「社会科学の方法論」(『論理学体系，第 6 』書所収）敬文堂，1934年 5 月，183-227頁。
(11)　注 4 と同じ，257頁。
(12)　注 9 と同じ，64頁。
(13)　同上，66頁。
(14)　注 4 と同じ，188頁。
(15)　同上，247頁。
(16)　田辺寿利は，注 9 のデュルケム著「社会学と諸社会科学」には，教育の学（science de l'éducation）なるものは何等の地位も占めていないが，田辺としては教育の学を教育社会学と呼称してよいと指摘し，社会生理学の一部門として位置付けている。

　　田辺寿利著『フランス社会学研究』刀江書院，1931年10月，300頁。

第2部

地域社会の変容と福祉研究

第1章

青少年問題対策と地域組織化

はじめに

　1967（昭和42）年12月27日付朝日新聞に"少年犯罪「戦後は終った」"の見出しのもとに少年非行に関する記事が掲載されていた。これは警視庁少年一課が東京都の少年非行の概況をまとめたものに関する記事で，少年犯罪率が1963（昭和38）年をピーク（1,000人当たり犯罪率14.4人）に下り始め，1967（昭和42）年には1,000人当たり犯罪者率は9.8人となり，8年ぶりに10人を割ったことが骨子となっていた。そしてそのあとに，警視庁少年一課の談話が次のようになされていた。少年犯罪率の低下の原因として，①戦争直後の混乱期に生まれた少年が成人になり，落着いた時代に育った少年たちがふえた。②これまで多かった初犯の少年がかなり減った。③ひと声運動や悪書追放など，青少年育成の機運が高まった。しかし他方では①中高生などの刑法犯が減少したのにひきかえ，職をもっている少年は逆に39％も増加した。②初犯が減ったのに累犯者は横ばいを辿っている。③件数が減少したとはいえ，成人犯罪と対比して強盗，婦女暴行，恐かつ，窃盗などがまだ高率を示している，等をあげ，依然として青少年対策に問題を残していると指摘している。

　このように青少年非行や犯罪は，東京都だけに限らず，全国的にも量的にはやや減少の傾向を辿っているが，この点は青少年人口の絶対的減少，高校，大学への進学率の上昇などもその一つの原因であろう。しかし質的にはむしろ凶悪化や粗暴化の傾向さえみられるし，勤労青少年の離転職と非行化の増大が今日依然として問題となっている。また最近のマスコミの伝えるところによると，

第1章　青少年問題対策と地域組織化

シンナー遊びの流行が増大しかなりの死者をも出すに至っている。このような非行・犯罪の他に，交通戦争というマスコミ用語に象徴されるように，幼児から青少年を含めた交通禍による事故死亡率の増大も，同じく大きな社会問題となっている。

　青少年をめぐる諸問題は，基本的には社会体制の矛盾の現れといえるが，この点は現代社会の激しい社会変動の過程と密接な関連があろう。ちなみに1955（昭和30）年以降の第一次産業人口（農林・水産業）の推移をみるならば，1955年には全就業人口の42.8％であったものが，1960（同35）年は32.0％，1965（同40）年には24.7％，そして1967（同42）年には実に19.3％となり，全就業人口の2割を下廻ることになった。逆に第二次，第三次産業人口は増大の一途を辿り，地域的には人口の過密地帯と過疎地帯を形成させることになった。その結果それぞれの地帯に社会問題を簇生させるに至っている。今日の青少年問題は，この人口移動を基底とする激しい社会変動のひずみの中で現れてきた社会問題の一つであるといえよう。とくに大都市並びに周辺の地域においては，青少年問題を増大させる条件を満たしているといえる。大量の人口集中と人口の流動性，住民の異質化，社会連帯の欠如，個人の匿名性や孤立化，並びに個人をとりまく環境の享楽的，刺激的特性等に，大都市とその周辺地域では正に都市化と大衆社会的状況にさらされ，常に社会解体（social disorganization）の過程におかれている。

　そこで，これらの社会過程に対抗して，地域住民の生活と福祉を守るための一つの技術・方法として地域組織化（community organization）の問題がおこってくるのである。

1　青少年対策をめぐる行政機構

　地域組織化の用語は，社会学的には既にトーマス（W.Thomas, 1863-1947）及びその他の社会学者によって明らかにされた社会解体（social disorganization）の対語として用いられているが，一般的には社会事業（social work）の領域で普遍化してきた実践的技術の一つとして理解されている。そしてこの領域で用

87

いられている地域組織化の理論的性格は，歴史的に変化していると共に，また論者によりかなりの差異を示してはいるが，一般的には地域住民の広範なニーズにそくして，その問題解決を地域住民の参加を通して実践する技術であるといってよい。そしてわが国では，社会事業の領域で，この組織活動を国民的レベルで展開してきたものの代表的なものは，いうまでもなく社会福祉協議会活動であるといえよう。

　ところで，青少年問題の領域に関していえば，青少年対策の組織活動も地域組織化の一領域を構成することになる。そしてこれには二つの側面が考えられる。一つは行政の側における組織活動であり，他は地域住民の側におけるそれである。

　従来，青少年に関する行政は，警察，法務，文部，厚生，労働等それぞれの所管行政の立場から関係省庁により分担実施されてきたが，このような青少年のタテ割行政をカバーするためのヨコの連絡調整並びに青少年に関する総合的施策樹立のための調査審議機関として青少年問題協議会が存在している。そしてこの協議会は周知のように，1953（昭和28）年7月法律公布により設置されたもので，中央レベルでは総理府の附属機関として中央青少年問題協議会（1966＝昭和41年4月，青少年問題審議会と改称）が，地方レベルでは都道府県並びに，区市町村単位に青少年問題協議会がそれぞれ設置，普及化が計られてきた。この段階において青少年対策の地域組織活動は地域住民と直接かかわりをもつことになる。ただそれが行政の要請を受動的に受け入れ，形式的な組織活動に終始するか，地域住民の自発的活動に重きをおいた独自の組織活動に発展するかは地域住民のもつ性格に依存しよう。

　東京都においては，1956（昭和31）年9月，「青少年問題に関する地域組織活動の強化及び補導体制の整備強化要綱」決定に基づき，区市町村レベルに青少年問題協議会の下部組織として青少年補導連絡会及び青少年対策地区委員会（1962＝昭和37年4月，自主的団体であると共に青少年問題協議会の協力団体と変更さる）の設置が促進された。そして青少年補導連絡会は，管内警察署と密接な関係のもとに，地域内の青少年非行防止のため，主として問題青少年の保護，指導並びに矯正の実施団体として発足したし，また青少年対策地区委員会は当該

行政区域を単位として地域内の青少年の健全育成活動に関する実施団体として位置づけられた。そしてその成否のカギは正に当該行政機関と当該区市町村における住民の動向に大きく左右されるといえよう。そこで以下においては，上記青少年団体をめぐる地域組織化の問題点を，主として，東京都台東区の事例を素材としながら考えてみたい。

　中央青少年問題協議会の事務局は1966（昭和41）年4月廃止され，これに代わって総理府の内部部局として新たに青少年局（1968＝昭和43年6月青少年対策本部と改称）が設置されたがこの青少年局のもつ役割について行政管理庁における「青少年対策に関する行政監察結果に基づく勧告」はおおよそ次のように指摘している。すなわち，青少年局における総合調整事務は，実施事務または連絡事務の処理に付随して行われるのみでは不充分であって，各行政機関に対し，より高い立場に立って指導性とまとめ役的機能を発揮する必要があるとし，さらに改善方策として，とくに総合企画機能の充実を提起している。この勧告要旨は，中央レベルのみに限らず，地方レベルにおける青少年問題協議会の事務局の機能に関しても適用されるものであろう。勿論この点は，青少年行政の領域にのみ限ったものではなく，わが国のタテ割行政そのものの欠陥に由来している。それゆえ総合調整及び企画機能の必要性は中央，地方を問わず，重要な課題である。しかしこの点は云うは易いが現実にはかなり難しい問題をはらんでいる。

　たとえば台東区の青少年行政機構を一べつするならば，青少年問題協議会の事務局は区民課の一係，つまり青少年対策係が担当している。しかも他の四課（厚生課，商工観光課，国民年金課，土木技術課）及び教育委員会における三課（学校教育課，社会教育課，指導課）は何れも青少年に関する行政事務を部分的に担当している。しかも他方では行政機関として福祉事務所，児童相談所，警察署，職業安定所といった青少年行政にかかわりのある諸機関が存在している。それゆえ一青少年対策係（中野区では課として独立している）が，各課及び各機関に亘る青少年行政を高い立場に立って指導性とまとめ役的機能を果たすことは恐らく容易な業ではないであろう。しかしこの困難性を排除しない限り，区レベルにおける青少年行政はつぎはぎ行政となり，充分な成果があがらないことも

89

自明の理である。それには先ず青少年問題が国民的問題であり、総合的施策を行わない限り効果のあがらない領域であることの認識を深めると共に、技術的には各課各機関の青少年行政の実施計画、その経過及び実施結果等に関する情報交換を積み重ね、情報の収集につとめなければならない。また他方では、地域住民の青少年問題に関するニードの把握は、あらゆる機会を利用して収集しなければならない。そのためには、地域社会の調査研究は勿論のこと、さらに機会ある毎に各層の住民及び各種のグループとの接触を計ることが極めて重要となる。この接触を通して、地域住民のニードを吸い上げうるならば、行政機関内の情報収集と相俟って青少年行政の総合調整及び企画機能を高めることに貢献できるのである。それがためには、事務局には専門的なコミュニティワーカーの配置が望まれる。デスクの上だけの事務に拘束されない機動性のある専門職員の配置こそ行政の側における組織活動の必須の要件である。

2　行政と地域住民組織

　青少年対策の地域組織化におけるもう一つの側面は行政の地域住民に対するそれである。

　さきにふれたように、東京都では従来、青少年対策のための地域住民の組織として、青少年補導連絡会と青少年対策地区委員会を設置・促進してきた。前者は青少年問題協議会の下部組織にくみこまれ、警察と地域社会から選出された委員の協力によって構成されている。後者は一応自主的団体と規定されながらも、実際は青少年問題協議会の協力団体として、地域社会の各種の団体代表から構成されている。それゆえ、これらの二つの団体は、何れも行政の要請により組織された団体である。いいかえれば行政補助団体である。その意味では両団体ともその活動にはある限界があることは止むを得ない。その基本的理由は自主的団体でないからである。そしてこの種の団体には通常、形式的組織は整然としているが実際活動となると必ずしもその機能を充分発揮しえない名目的団体が多い。これはそれぞれの地域社会の条件にもよるが、一般的には青少年問題に熱意をもつか否かにかかわりなく、町内の有力者であるとか、単位団

体の役員をしているとかの理由で選ばれた人々によって運営されている場合が多いからである。しかし反対に，青少年問題は地域社会自らが防衛しなければならないという市民意識に支えられ，自主的活動を積み重ねている地域社会においては，行政の要請する組織を不要とするか，言葉の真の意味において両者の協力関係が成立する筈である。その意味では，青少年対策の地域組織化の問題は，地域社会の構造と地域社会を構成している住民組織の動向に大きく依存しているといえよう。そしてわが国においては，最も伝統的かつ包括的な住民組織はいうまでもなく，村落では部落会であるし，都市では町内会であろう。しかもこれらの団体は都市化と大衆社会化の波にもまれながらも地域社会の末端で生き残ってきており，かつ依然として大きな役割を果たしている。

　ちなみに，公的機関からの委嘱による委員の選出母体はおおよそ町内会である。たとえば警視庁関係からの委嘱委員としては少年補導員がいる。同じく法務省関係では保護司，厚生省関係では民生委員（児童委員），労働省関係では年少労働者福祉員，文部省関係（教育委員会）では青少年委員，体育指導員等がそれである。そしてこれら委員の選出または推薦は町内会組織にまかされているのである。

　これのみでなく，さきの青少年補導連絡会及び青少年対策地区委員会における構成員の大多数もその選出母体は同じく当該町内会組織に依存しているのである。

　たとえば台東区における青少年対策地区委員会の構成メンバーをあげてみると次のようである。①区青少年問題協議会委員，②連合町会長及び町内会長，③小・中・高校指導主任，④児童委員及び保護司の代表者，⑤青少年委員，⑥年少労働者福祉員，⑦体育指導員，⑧PTA代表，⑨青少年団体及び婦人団体の代表者，⑩工場及び事業所の代表者，⑪その他，そしてその総数は約560名に及んでいる。このような膨大な委員の選出がおおよそ町内会組織を経由していることを考えるならば，町内会組織そのものの体質がどのようなものであるかは，重要な問題を含んでいるといえる。いいかえれば町内会組織そのものの体質は，そのまま，この種の青少年対策団体の役職者の体質をも左右することになるといっても過言ではないだろう。またこの事実は，地域社会の構造的体

質の反映でもある。それ故行政の側では，青少年対策の組織化をすすめるにあたって，地域社会にどう接近するかの問題は重要な課題となろう。

3　町内会組織と行政

　今日の部落会や町内会の原型は村落社会に見いだされる。本来部落会成立の基盤は，農業生産力の低かったいわば共同体ともいわれるべき自足的，閉鎖的社会である村落社会において形成されたもので，そこでは各々の家のみでは生活の維持も確保も困難なことから，相互にその足りないところを補いあう相互扶助的団体として成立したのである。したがってその組織形態は「地域ぐるみ組織」であった。すなわち，特定範囲の地域に居住する者で，一定の条件に合う者は，すべて家を単位として自動的に包含されたのである。しかもこれは近代国家の成立後，行政の側の必要から，いいかえれば，行政上の限界を補足するために，そしてまた農民を直接把握する必要上から，部落会は行政の末端組織にくみいれる方向で位置づけられてきたのである。とくにその典型は太平洋戦争時代に最もよくみられる。

　今日の部落会や町内会も，この歴史的背景の脈絡の中でみる必要があろう。社会学者奥田道大氏は都市町内会の特色を次のように規定している。(イ)組織の範囲が行政単位（町，丁目）であること，(ロ)任意加入をタテマエとしているが，実際には，同じ行政単位の住民が自動的に会員に登録されること，(ハ)会員の資格が住民個人でなく，一家の代表者としての世帯主であること，(ニ)活動の内容が行政的補助（たとえば，公報の配布とか募金の割当て，清掃，衛生，防犯，土木事業の協力）という公的面と地域住民相互の親睦なり扶助（祭祀とかレクリエーション，葬式の協助慈善福祉活動）という私的面とを併せ有していること。そしてさらに，都市町内会の性格はポツダム禁止令失効の時期を境として，包括的地縁組織から多元的機能団体に変貌してきたことをおおよそ次のように指摘している。つまり行政上の機能分化に対応して多数の機能的行政補助団体が誕生するが，これは再び町内会に吸収，再編成されるしくみとなっている。たとえば警察署→防犯協会→町内会防犯部，清掃事業所→清掃業協力会→町内会衛生部

など。要するに町内会は多元的機能別の行政ルートとむすぶ専門部制を徹底した形で行われていると。[1]

　たしかに，今日の町内会の組織と機能は，包括的で，かつ多元的機能団体としての特色を示していると共に，行政の側では，依然として町内会を行政の補助団体として利用している。行政の側としては，町内会の利用は，一般的には地域住民を把握するのに最も安易でかつ最も安全な途でもあろう。しかしもう一度村落における部落会の成立根拠に目を向けるならば，そこでは農業という同じ職業から成る同質の人間によって構成されており，しかもその主要な目標は生活の維持，確保を相互に補完するところにあった。しかるに今日では，村落社会においても産業化と都市化の波により，地域社会の人々が職業的にも異質化すると共に，関心の方向が多様化してきた。また農業生産そのものも多様に分化してきた。さらに生活の維持，確保の側面での相互扶助的規制は次第に減退している。まして都市町内会においては，この条件は一層進展しているように思う。それ故今日，たとえば機能分化による町内会の再編成を計ったとしても最早地域住民の多様化したニーズを満たすことは不可能であろう。このことは，同じ地域社会内に町内会組織と無関係に成立する多数の自主的団体の存在によってもうかがうことができよう。形式的には町内会の一員であるとしても，実際活動に参加している人たちは一般的には，かなり限定されているのが現状であろう。それ故行政の地域社会への接近は，従来のような町内会組織にのみ重点をおく態度は改めるべきである。とくにそれが民主的機能を喪失している場合には一層然りである。今日，町内会の民主的脱皮は，わが国の民主化過程における地域社会レベルにおける共通の課題ともなっている。それ故また行政の側では町内会組織の拘束を受けない地域社会内の自主的団体との接触を深め，さらには自主的団体の育成につとめることが必要である。この点は，青少年問題協議会が町内会関係団体の援助団体であると見做されないためにも必要である。このプロセスを通して町内会組織の民主化に貢献できるであろうし，行政と地域住民との協力関係もよりスムーズに成立しうるのである。

4　住民の生活防衛活動と行政

　行政の地域住民への接近の仕方に対して，地域住民の組織化と行政との対応関係はどうであろうか。
　マレー・ロス（Murray G. Ross）は，地域組織化の原則の一つとして，①共同社会（Community）に現存する諸条件に対する不満は，必ず団体を開発又は育成する。②地域組織化を開始し，或いは支える力となる不満は，共同社会内で広く共有さるべきこと……等をあげている。[(2)]これは地域社会における住民が団体を形成しうる基本的条件を示したものである。団体形成には地域住民が何らかの不満をもっていることが前提となるし，またその不満が地域社会に広く拡散しているときは，地域組織活動が展開されうる基盤を構成しうることを示している。
　ところで今日，われわれをとりまく社会環境には不満を簇生させる諸条件が累積している。そして，それらの不満の中には，特定個人のレベルに止まるものだけでなく地域住民に広く拡散しうる性質のものが多数存在している。とくに人口集中と激しい社会過程にある大都市とその周辺地域では一層この条件を満たしているといえる。たとえば，煤煙汚水などにみられる公害問題，交通事故に伴う歩道橋の設置問題，児童の安全確保のための児童遊園地設置問題，高学年児童の遊び場設置問題，或いは盛り場における風紀，非行化問題，水道，電気，ガス，交通等公共料金及び米価などの値上げ問題等々，枚挙にいとまがない。これらの諸問題はいずれも個人的レベルで処理することのできないものであるし，また階層の差，職業の差にかかわりなく社会的レベルで対処しなければ解決できない問題領域を構成している。それゆえこれらの諸問題は，問題解決のための集団発生又は諸集団の結合を促す契機となるのである。勿論これらの諸問題は，主として直接に外部的要因からの刺激によって発生してきた問題であるが，その他個人の生活体系から必然的な不満・要求として発生してくる問題もある。しかし，たとえ個人の生活体系から発生したかにみえる場合でも，おおよそ外部的要因の何らかの影響により発生してきた諸問題が多いので

ある。青少年問題の領域に限ってみても，さきにあげた，歩道橋，遊園地，運動場の設置などは何れも激増する交通量による交通事故問題や空地の住宅地化による遊び場の喪失問題にともなってあらわれた諸問題である。また児童の風紀・不良化問題については，都市社会における盛り場形成という外部的要因との関連において登場してくる問題でもある。そしてこれらの諸問題が増大拡散するに従って，地域住民の側における生活防衛としての組織活動が活発化するのである。そして，その外部的要因の影響力が，その規模と程度において大きければ大きい程，そして直接的であればある程地域住民の生活防衛活動は広汎にかつ深いものとなる。したがってこのような場合には，町内会組織だけに止まらず，PTA・各種自主的諸団体の結合が成立しうる基盤を構成するのである。とくに問題の原因が明瞭単純であるときは，この運動は発生しやすく，また各種団体が結合しやすい傾向をもってくる。たとえばさきの歩道橋設置の運動などはその典型であろう。更に行政の側が地域住民の不満，要求を行政ルートにのせ得ないとき，或いは全く地域住民不在の中で事柄を進行させる場合には，一般的には住民の組織活動は激しくもり上がる特性をもっている。従来行政の側では，町内会などの伝統的地域組織を媒介として補助金をテコとして行政補助の機能を果たさせてきたが，その媒介機関である町内会組織が弱体であるか動脈硬化をきたしているときには，住民の不満，要求は直接行政ルートに反映させようとする傾向を示す。逆に地域住民の不満，要求が地域社会の一部に偏在し，かつ地域社会の他の住民の利害関係と複雑にからみ合っているときは，住民の組織活動の展開はスムーズとならない。時にはあきらめに終わるか或いは世論の盛り上りをまって長期的運動となるかさまざまな形態をとろう。それ故，生活防衛としての地域住民の組織活動は，外部的要因の諸条件，及び地域社会の構造並びに行政との関連などで多様な形態をとるのである。この点は，青少年問題における地域住民の組織化を進めるにあたっても充分考慮されねばならない。

　青少年問題が国民的問題である限り，公私諸機関の協力がなければその望ましい解決は到底困難であろう。しかしその協力関係の在り方は，そのおかれた地域社会の諸条件に対応して慎重に進めなくてはならない。　（1968年8月記）

注

(1) 奥田道大「都市における住民組織―住民運動との関連において―」『季刊地域活動研究』第1巻第1号，全国社会福祉協議会，1967年，19-20頁。
(2) マレー・G. ロス著，岡村重夫訳『コミュニティ・オーガニゼイション―理論と原則―』全国社会福祉協議会，1963年，180-189頁。

第2章

老年期の社会活動

はじめに

　一般に老年期を第3の人生とよんでいるが，老年期のとらえ方は，社会のちがいや時代によって異なるが，同時に社会的側面に重点をおくか，個人的（肉体的）側面に重点をおくかによっても異なってくる。わが国のように定年年齢の低い国では老年期のはじまりを比較的若い年齢におかざるを得ない。わが国では，今日，老年期のはじまりを65歳あたりにみているのが大方の傾向であろう。これを最も端的に表しているのが，労働力人口の推移で，65歳を境に激減している。ちなみに総理府統計局「労働力調査」によれば，1965（昭和40）年，1970（同45）年，1975（同50）年における65歳以上の労働力人口はそれぞれ4.8％，4.4％，4.6％で，いずれも55～64歳層の2分の1以下，45～54歳層の3分の1以下となっている。他方，「働けるうちは老人ではない」などといった主張により，老年期をより高年齢に位置づけようとする考え方もあるが，これは個人的（肉体的）老化に焦点をおいたものであろう。

　ここでは，調査資料の関係から，老年期を厳密に規定することは無理があるので，一応の目安として65歳あたりを老年期の入口としておきたい。

　ところで，社会活動の基本的なものは職業（労働）活動とそれを通して展開されるさまざまな社会行動であろう。本来，人間は一定の職業によって個人的には生計の資を得るとともに，それを通じて社会的役割を遂行しているのであるが，老年期には社会的にも個人的にも職業生活の機会が縮小したり，職業からの引退を余儀なくされる。こうした生活上の変化は，男と女，雇用者と自営

業者などによりちがいがあるにしても，一般的には壮年期の生活構造と異なったそれとしてあらわれよう。たとえば，生活時間では労働時間が減少し，それだけ余暇時間が増大するであろうし，生活空間では生活水準の低下や社会的地位と役割の変化などにより従来の行動範囲も縮小せざるを得なくなるだろう。これは加齢とともに一層促進されるにちがいない。そして行動の仕方も老年期特有のものがみられるようになろう。一般に老年期には貧困，疾病，孤独，無為といった問題が日常化しやすいが，社会活動のあらわれ方もこれと深いかかわりをもっている。老年期の社会活動はこのように職業生活の縮小，引退を契機として展開される生活構造上の変化をベースとして捉えることができよう。そこでここでは社会活動を二つの側面から考察したい。ひとつは余暇時間と余暇行動で，もうひとつは地域社会における社会参加の動向である。最後にこれを老年世代の生き方とかかわらせて老年期の社会活動のあり方を総括的に考えてみたい。

1　余暇時間と余暇行動

　人間の生活時間には，①睡眠，食事，身の回りの用事に使う生理的必要時間，②生活の手段としての労働（仕事）や学業に使う社会的必要時間，および，③これらの残差としての自由時間に分けることができよう。そして余暇時間とはここでいう自由時間を指している。
　かつてわが国の大部分の人たちは生活時間のほとんどを必要時間にあててきたが，近年，週休2日制の普及や家庭の電化などにより職場でも家庭でも労働時間が短縮され，自由時間が増大してきた。とりわけ老年期は自由時間が多く，その過ごし方が老後の生きがいに極めて重要な意味をもつようになった。
　余暇時間と余暇行動を全国民的規模で1日24時間の全生活行動から捉えようと試みたものにNHKの「国民生活時間調査」がある。これは1960（昭和35）年以来，5年ごとに実施してきたもので，最近のものでは1975（昭和50）年の調査がある。老年期の生活行動の特徴をみる素材として，この調査結果の一端をとりあげてみよう。

まず，平日の1日のうち仕事をしている時間と余暇を楽しむ時間の割合をみると，男は仕事をしている割合が全般的に多く，なかでも30代と40代は60％でその割合は最も高く，次いで50代の57％，20代の54％となっている。他方60代以上は50％を割っているが，60代では45％，70代以上では僅か30％にすぎない。
　女は男と比較すれば全般的に仕事をしている時間は少なく，どの年代層も過半数に満たないが，とりわけ60代以上はその割合は低い。60代では31％，70代以上では僅か17％となっている。いいかえれば，余暇時間がそれだけ多いことになる。このように余暇時間は男女間に差がみられたが，年代的には60代以降に余暇時間が増大し，とくに70代以上ではその割合が著しい。ちなみに70代以上の平均余暇時間は7時間半を超えている。それゆえ，これら高齢者にとっては1日の3分の1は余暇ということになる。
　それではこのような自由時間の利用はどのように行われているだろうか。図1は平日の余暇行動の内容別割合を示したものである。まず，全般的にいえることは余暇時間のうち「テレビ・ラジオ・新聞・雑誌・本」などのマスメディアに接する割合が極めて高いことである。男では平均7割，女では8割近くに達しているが，なかでもとくにテレビに占める割合は群を抜いている。ここに今日の日本人の日常余暇行動の特徴をみることができよう。
　ところで，60代以上の年代に注目するならば，いくつかの点で特徴がみられる。テレビに占める割合は日本人全体の傾向であるが，60代以上ではさらに顕著になっている。ただし，女の70代ではやや低くなっているが，男と比べると視聴時間は長い。1日の視聴時間は，男女平均4〜5時間となっている。次に注目したいのは「くつろぎ・休息」の割合が高いことである。とくに70代では顕著となるが，これが老年期の大きな特徴でもある。第3に，男は「レジャー活動と読書」の割合が高いのに，女では「個人的つき合い」となり，男女間の余暇のすごし方にちがいがみられる。なお，マスメディアのうち「ラジオ・新聞・雑誌・本」などに接する割合は他のどの年代よりも低く，とくに女に顕著である。
　ふつう，老年期の行動は受動的・消極的であるといわれるが，上記の余暇利用の行動からもその傾向を知ることができよう。なお，これをレジャー活動に

図1　平日の「余暇」行動の内容別割合

		個人的つき合い	くつろぎ・休息	レジャー活動	新聞・雑誌・本	ラジオ	テレビ
男	16～19歳	9%	11%	17%	9%	12%	42%
	20代	10	10	15	12	15	38
	30代	8	11	9	13	14	45
	40代	7	11	7	13	12	50
	50代	5	11	8	11	11	54
	60代	4	11	10	10	6	59
	70歳以上	5	15	10	7	7	56
女	16～19歳	7	10	10	12	13	48
	20代	9	9	10	7	8	57
	30代	8	7	6	7	10	62
	40代	6	7	6	7	7	64
	50代	6	8	6	5	7	68
	60代	8	9	7	5	3	68
	70歳以上	10	18	5	3	2	62

資料：日本放送協会『図説・日本人の生活時間』1975年。

ついて考察してみよう。図2は平日のそれを示したものであるが，これによって目につくのは男女とも20代以下の若年層にその活動の割合が最も高く，次いで60代以上の高年層となっている。これは両年代層とも余暇時間が多いことが共通点となっているからであろう。そして全般的に，前者ではレジャー活動の全分野に参加しているのに，後者では主に行楽・散策およびけいこごと・趣味といった特定分野に集中しており，とくにこの傾向は男に顕著となっている。この辺に老年期のレジャー活動の特徴をみることができよう。

　以上の考察から一般的には，老年期の余暇行動は受動的・消極的かつ限定的であるといえよう。このような傾向は総理府や厚生省をはじめ各種の調査事例にもみられる点である。ただ，老年期といってもその年齢幅は大きく個人差があるので，その荷なう要件により行動のあらわれ方も異なってくる。一般的には年齢（健康差），性，職業の有無，学歴，階層などは行動の仕方に影響を与える基本的要件である。従来の調査・研究によれば，余暇の過ごし方は低年齢者より高年齢者に，男より女に，有職者より無職者に，高学歴者より低学歴者に，そして上層より下層に，より受動的・消極的傾向のあることを示している。また，これらの諸要件は単に積極，消極といった態度のみならず，その行動内容とも深いかかわりをもっている。それ故，老年期の余暇行動の実態については，これら諸要件との関連からきめ細かに検討されねばならない。

第2章　老年期の社会活動

図2　平日の「レジャー活動」

行為者平均時間 時間 分		行為者率(%)	レジャー活動の内訳・行為者率(%)				
			見物・鑑賞	スポーツ	勝負ごと	行楽・散策	けいこごと・趣味
1.48	男16～19歳	55	26	8	9	12	9
2.03	20代	46	13	10	17	9	7
1.25	30代	35	2	10	11	5	10
1.23	40代	31	2	7	7	5	14
1.41	50代	26	2	6	4	8	12
1.56	60代	37	3	6	3	13	24
1.47	70歳以上	42	1	7	0	25	21
1.29	女16～19歳	31	12	3	1	6	9
1.50	20代	34	7	3	1	12	13
1.29	30代	26	2	4	0	6	15
1.28	40代	24	2	4	0	4	17
1.39	50代	23	1	3	0	6	16
1.40	60代	28	1	2	0	8	22
1.25	70歳以上	30	3	2	0	10	18

注：行為者平均時間とは，行為者だけについて計算した平均時間。行為者率とは1日の間にその行動を1回以上行った人の率。
資料：図1と同じ。

2　地域社会と社会参加

　余暇時間の利用としての社会活動は，主にレジャー活動と交際の分野にみられたが，実際の日常生活の中では，人は誰しもその生活を通してなんらかの人間関係をとりむすびながらさまざまな社会活動を行っている。職業生活者にとっては「家庭と職場」並びに「家庭と地域社会」を結ぶ二重の生活空間が主なる社会活動の場であったが，職業からの引退者にとっては「家庭と地域社会」を結ぶ生活空間が社会活動の中心となってくる。老年期は「家庭と職場」から「家庭と地域社会」へその活動の中心が移動してゆく過程とも考えられよう。とくに男にとってはこの傾向は強い。そこでここでは主に地域社会との関連における社会参加の動向をも含めて考えてみたい。

　表1は都市社会における社会参加活動の調査事例であるが，老年期の社会参加の実態をかなりよく示している。これによると，全般的には，老年世代のみ

表1　社会活動参加率

		町内会・婦人会・PTAなど	趣味サークル	政治活動,政治演説会	老人福祉センター,老人クラブなど	宗教活動・講など	社会奉仕活動
男	中年層	39.1	27.0	28.0	4.1	7.7	20.7
	高年層	37.1	22.9	29.6	8.0	12.0	22.2
	老年層	33.3	21.7	23.6	22.1	13.9	23.4
女	中年層	42.5	27.3	15.3	4.7	15.7	19.2
	高年層	36.9	24.1	13.1	11.8	16.3	18.0
	老年層	25.8	15.4	11.2	30.8	17.9	15.3

注：中年層は45～54歳，高年層は55～64歳，老年層は65～74歳とする。
資料：日本都市センター（編）『都市中高年層の生活と意識』1975年。

からなる老人福祉センター・老人クラブ並びに宗教活動・講などの特殊な団体以外では，おおむね中年層（45～55歳）から老年層（65歳以上）に至って次第に参加率は低下・縮小している。しかも参加率は全体に低く，最も高い場合でも老年層では男の町内会・PTA関係の団体で対象者の3分の1にすぎない。女では老人福祉センター・老人クラブ関係で30.8％と対象者の3分の1以下となっている。なかでも参加者の最も低いのは男の老年層で宗教活動・講関係で13.9％，女のそれは政治活動・政治演説会で11.2％といずれも対象者の1割にすぎない。そこで次に，これら諸集団のうち若干のものをとりあげてそれらとの関連から社会参加の傾向について素描してみたい。

　本来，地域社会には都市，農村を問わず，その地域の社会構成や階級構成にもとづいてさまざまな集団や住民組織が形成されている。その最も基本的な集団は地域集団とよばれるもので，これには町内会，部落会をはじめ婦人会，商店会，PTA，老人クラブなど多数の団体がある。これらはいずれも居住地区の同一性を結合の契機とする集団であるが，その最も典型的なものは町内会と部落会である。前者は都市的社会に，後者は農村社会に一般にみられる日本社会独特の住民組織である。その機能は相互扶助，親睦，その他の自主的活動のほか，行政からの情報伝達その他の行政末端機能を果たしている場合が多く，世帯単位の加入で世帯主がその成員となっている。それ故，加入率は高いが参加率は個人的条件により異なってくる。一般的には年齢の若い60代の有職者に

参加率が高く、反対に70歳以上の高齢者で無職者に参加率は低い。これはこれらの団体が地域社会活動の母体となっていることに起因しよう。とくに役職者構成では有職者が圧倒的に多いのはこのあらわれといえる。他方、職業や家事労働から解放された人たちの集団参加の多いものに老人クラブがある。1975（昭和50）年現在で老人クラブ数は全国で10万1,000、クラブ員数では600万人を超え、60歳以上人口の48.1％が加入している。周知のように、老人クラブは同一居住地に住む60歳以上の者なら誰でも加入できる団体であるが、実際の参加者は必ずしも多くない。一般的には60代末から70代前半の高齢者が活動の中心となっている。それ故、その機能も娯楽とレクリエーション活動が中心となっている場合が多い。その意味では町内会や部落会の参加者とは対照的といえよう。しかし、老人クラブが娯楽とレクリエーション活動の場から老人大学などにみられる学習と自己教育の場に内容を変えてゆくならば参加者の傾向も異なってくるであろう。

　次に注目したいのは機能集団で、これは特定の目的を達成することを結合の契機としてつくられたもので、その典型的なものは職能集団である。これはとくに都市的社会の商工業地区に多く、その特色は自営業を中心とした有職者の団体で地方政治の有力な担い手となっている。それ故、一般的には彼らは町内会活動の中心となっている場合が多く、また、かなり高齢まで職業に従事しているが、年齢の割合に精神的には若い人たちが多い。

　次に同じ機能集団であるが、余暇活動との関連で注目したいものに趣味団体がある。書道、絵画、音楽、華道、謡曲、踊りなどさまざまな趣味にもとづく団体があるが、全体的には団体加入者は多くなく、むしろ個人的レベルでの活動が中心となっている。しかし、老年期に趣味を全くもっていない者もかなりいることは調査事例の示すところであるが（老人問題研究会編『老人の社会活動に関する研究』1973年によると、無趣味者の割合は男28.2％、女36.5％）、老後の生きがいにとってその開拓が大切であることは識者によって指摘されているところである。従来の調査研究によれば、趣味形成の要因は、教育的・文化的過程に依存していることが知られている。これは高学歴者ほど有趣味者が多く、低学歴者ほど無趣味者が多いことによっても証明されよう。したがって、老年期にお

ける趣味の開拓には一定の限界があるけれども，この背景には経済的要件が作用しているので，老後の豊かな生活をどのように保障させるかがその基礎的要件であることを示唆している。

　また，趣味活動にその傾向のやや似ているものに宗教活動がある。宗教関係には仏教関係，神道関係，キリスト教関係などさまざまな団体があるが，実際の団体加入はさきの表1にも見られるように少なく，趣味活動と同様に個人的レベルの信仰活動が中心となっている。本来，宗教活動は集合的・集団的なものであるが，個人的レベルの活動が多いのは，老年期特有のものか，日本人の宗教態度の特性か改めて検討を要するところである。ところで，若干の調査研究によれば，老年期の信仰活動を支える基本的なものは，青年期までの宗教的体験ないし，宗教的環境に依存していることを示している。それ故宗教活動も，趣味活動と同様に老年期ににわかに開拓されるような分野でなく一定の限界のあることを示している。ただ，「家」の宗教との関係から老人が宗教行事の主宰者となることから，老年期にある人たちに宗教的行動が多くみられることは見逃してはならない点であろう。

　以上は地域社会における主要な集団とそれとの関連からみた社会参加の動向であるが，老年期には余暇行動の中にもあらわれていたように個人的つきあいによる社会参加が多い。先の日本都市センターの調査では，今後の社会活動参加への意向を問うているが，年齢層，性別にかかわりなくどの団体参加よりも圧倒的に高い参加率を示していたものに近所づきあいと友人・知人訪問がある。とくに老年層の近所づきあいは中年層・高年層よりもその割合が高く，男では47.3％，女では56.9％で老年期の社会行動の特徴を示している。本来，近所づきあい関係は，個人が同一の地域内に生活してゆく中で自然に発展するものであるから，定住の時期や関心領域，職業，年齢，個人的好みなどさまざまな要因から成り立つものである。従来の調査研究によれば，定住時期では早い地区ほど，職業では無職者より有職者に，年齢では高年齢者より低年齢者に，つきあい関係は多く，範囲も広いことを示している。他方，これを友人関係と比較してみると，友人関係は，個人の全生活過程の中から生まれてくるので必ずしも地域社会内だけに限定されない。学校集団，職場集団，地域集団などさまざ

まな生活過程の中で友人関係は成り立つわけである。そして友人関係と交際人数などは学歴差が大きな要因となっている場合が多い。一般的には高学歴者ほど多くの友人関係をもち，交際の範囲も広い。したがってこれらの人たちの社会活動は広いことを意味している。近所づきあいと友人関係はその発現の過程は異なるが，老年期における人間関係の主要な柱であることは注目を要する点であろう。

3 結びにかえて──新しい老年文化を求めて

老年期にある大部分の人たちにとって共通にみられる不安は経済上のものと健康にかかわるものといってよい。反対に，経済的に豊かで健康な高齢者は活動的で老人というイメージが少ない。さきの集団参加の傾向も元気な有職者にその参加率が高かったのもこの事実のあらわれといえる。この点はまた，生きがいにもかかわりがあろう。一般的に男の生きがいは仕事に，女のそれは家庭にといわれるが，老年期にはかつて活力の原動力であった生きがいも解体過程にはいり，価値志向の転回を迫られることになる。ここに新しい老年文化の担い手として位置づけられるのであるが，現実はかなり困難な状況にある。

東京都杉並区の調査（『大都市老人の生活と意識』1972年）では，過去に生きてきた生き方と今後のそれを六つの項目を設定して調査している。表2は今までの生き方についての性別，年齢階層別構成を示したものである。これによると男では年齢階層にかかわりなく「仕事にうちこむ」が圧倒的に多く6割台を占めているが，女のそれは「家庭を大切にする」が同じく7割台となっている。現在老年期にある人たちのうち男が仕事に，女が家庭に志向するのは，基本的には，男が生計維持者の立場にあったことと，女は家事従事者という生活依存者の立場にあったことに由来しよう。なお，これを60歳以上の老年層に限定して学歴との関係でみると，男では「仕事」と「世の中のため」に占める割合が高学歴者に高く，反対に「家庭」「のんきにくらす」「お金をためる」は低学歴者にその割合が高くなっている。たとえば，「仕事」でみると，小学校卒では50.6％であるのに，大学卒では62.9％となっている。同様の傾向は女にもみら

表2　今までの生き方の性別・年齢階層別構成（％）

性・年齢	今までの生き方	世の中のためにつくす	仕事にうちこむ	お金をためる	趣味を大事にする	家庭を大事にする	その日その日をのんきにくらす	わからない	計
男	45〜59	7.6	60.5	2.5	1.7	20.2	4.2	3.0	100.0
	60〜69	9.8	66.3	3.0	1.0	13.3	3.4	3.0	100.0
	70〜	10.9	67.4	4.7	0.5	8.3	4.7	3.6	100.0
女	45〜59	2.5	10.6	2.0	1.5	73.4	7.5	2.0	100.0
	60〜69	4.8	11.6	1.1	2.3	69.4	7.4	2.9	100.0
	70〜	6.9	10.1	0.9	1.8	70.5	6.9	3.7	100.0

資料：東京都杉並区役所編『大都市老人の生活と意識』1972年。

れるが，学歴差は男より小さい。

　ところで，現代の老年世代にとっては学歴差はそのまま階層差と考えられるので，一般的には上層階級ほど「仕事」や「世の中のため」といった理念的価値志向が強く，逆に下層階級ほど「家庭」「のんきにくらす」「お金をためる」といった即物的価値志向が強いといえよう。こうした傾向を考慮するならば，男の生きがいというときには二つの意味があろう。一つは仕事そのものが真に創造的価値につながる意味での生きがいであり，他は，生活のためではあるが，なんらかの生きるハリとしての生きがいといった程度の消極的なそれである。前者は上層階級に，後者は大部分の勤労者にみられる生きがいの形態である。しかも，後者では高齢化に伴って生活のための仕事さえも失われ，生活水準の下降の中で生きることを余儀なくされる場合が多いし，女では大切にしてきた家庭も子供との別居，配偶者との死別などを契機にそれまでの生活の拠り所としてきた基盤を失うようになる。こうして老年期には新しい価値志向により自らを開拓しなければならなくなる。

　表3は今後の生き方を示したものであるが，男では「仕事」が，女では「家庭」が依然として高い割合を占めてはいるが，男女とも「のんきにくらす」の割合が最も高く，壮年期までの生き方が大きく後退し，僅かに趣味活動への志向が新しい意欲としてみられる程度となっている。そしてその年齢的境界は男は70歳，女では65歳を過ぎる頃からとなっている。しかし現実にはこのような

表3 これからの生き方，性別構成（60歳以上の老年層）（％）

これからの生き方 \ 性	世の中のためにつくす	仕事にうちこむ	お金をためる	趣味を大事にする	家庭を大事にする	その日その日をのんきにくらす	わからない	計
男	8.5	26.1	1.5	5.3	12.7	27.0	18.7	100.0
女	5.2	4.0	0.3	7.2	36.3	38.7	7.9	100.0

資料：表2と同じ。

　欲求さえも，そのまま満たされることは少なく，さまざまな老人問題をかかえることになろう。貧困，疾病，孤独，無為はその代表的なものであるが，これが克服されてこそ一部上層階級の人たちが享受している生きがいある社会活動を老年世代全部に及ぼすことができるわけである。そのための最低限の対策が所得保障と保健・医療保障であり，さらに老年世代の自己開発としての基本的要件として，教育的諸条件の整備が必要となってくる。前二者は貧困と疾病への対応策であり，後者は孤独と無為へのそれである。他方，老年世代にとっては受動的・消極的活動から主体的活動の担い手として新しい価値志向により自らを開拓することが要請されている。

　これは極めて困難ではあるが必ずしも不可能なことではない。住民運動の高まりの中で，今日，年金，仕事，医療，住宅，その他の生活要求を掲げて，他の民主的団体と連帯しながら，陳情，請願の社会運動が一部の老年世代により推進されているが，これは新しい老年文化創造への動きであろう。また，学習を通して個の自覚とそれに基づいた自発的な他者への連帯と協同によるボランティア活動の創造は，老人問題の多発している中で老年世代の新たに開拓を可能とする分野でもあろう。官製的ボランティア克服のためにも老年世代の主体的活動を期待したいものである。　　　　　　　　　　　　（1977年6月記）

参考文献

　遠藤政夫『高齢化社会の雇用問題』労働新聞社，1975年。
　日高幸男ほか監修『老人と学習』日常出版，1975年。
　日本放送協会編『図説日本人の生活時間』日本放送出版協会，1976年。

那須宗一・増田光吉編『老人と家族の社会学』垣内出版，1972年。
高齢者福祉対策研究会編『都市中高年層の生活と意識』日本都市センター，1975年。
日本都市センター編『高齢化社会と福祉』1975年。
老人問題研究会編『老人の社会活動に関する研究』老人問題研究会（東洋大学社会学部山下研究室），1973年。
東京都老人総合研究所編『社会老年学』1号，1975年。
シモーヌ・ド・ボーヴォワール，朝吹三吉訳『老い（上・下）』人文書院，1972年。

第 3 章

自治体と地域福祉
―埼玉県上福岡市の事例―

はじめに

　社会福祉の分野で地域福祉政策の課題が議論の対象となったのは，基本的には高度経済成長策の矛盾が顕著にあらわれてきた昭和40年代前半からであった。公的機関による社会開発論をはじめコミュニティ論やコミュニティケア論等の展開はその例である。これらの議論は急激な工業化の進展に伴う地域社会構造の変動と生活問題への対応策として展開されている。そしてさらに，1973（昭和48）年以降の2度に亘る石油危機を契機として生じた国の財政赤字を背景に，社会福祉政策の理念に大きな変化があらわれた。たとえば1975（昭和50）年にはまず福祉見直し論が新聞紙上を賑わし，やがて経済企画庁の「新経済社会7カ年計画」（1979＝昭和54年8月）の日本型福祉社会論が公表され，さらに第二次臨時行政調査会（1981＝昭和56年3月～1983＝同58年3月）の基本理念へと発展するが，これらの理念は昭和50年代以降の新しい社会福祉政策の在り方を公的機関によって最も象徴的に示した議論となった。そしてこれらに一貫している論調は，端的にいえば，高福祉・高負担型の福祉国家体制を否定し，個人の自立と相互扶助及び民間の活力を基調とした福祉社会の建設を目標とすることにあった。要するに，真に福祉を要する者には公的責任による生活の保障は行うが，そのほかはできる限り個人の自助と親族，近隣，職域等の相互扶助による社会的連帯に期待するとしている。こうして一定以上の所得を有する者の福祉サービスにあたっては有料化によるいわゆる受益者負担の考え方が導入されるようになった。そして地域福祉政策もこれらの論調とともに，施設福祉中心の

処遇から在宅福祉サービスを重視する論調へと変化しつつある。そしてこの点が最も典型的にあらわれているのは老人福祉の分野であろう。たとえば，従来ねたきり老人対策事業の一環としてきた家庭奉仕員派遣事業が1976（昭和51）年度より一人暮らし老人をも対象とするようになったし，さらに1982（昭和57）年10月より家庭奉仕員派遣事業の有料化へと拡大している。そのほか，1978（昭和53）年にはねたきり老人短期保護事業が，また1979（昭和54）年にはデイ・サービス事業が成立している。

　以上のように，地域福祉政策は，まず高度経済成長策の反応として主に地域社会の再編成ないし，コミュニティづくりあるいは，地域社会への参加の強調等にその焦点がおかれたが，次いで経済の低成長期に入ってからは国の財政赤字を契機に主として在宅福祉への対応に重点が移ってきている。

　さて，本稿では上記のような社会・経済的変動に伴う国の福祉政策，とりわけ地域福祉―住民活動の拠点としての各種施設の設置動向，要援護者の自立を援助する在宅福祉対策や組織間の連携，住民参加や住民組織と地域組織化等を念頭に，本市の福祉行政を考察する。なおそのさい，行政の福祉施策の展開にあたっては，その地域社会が包含している独得の生活問題があるので，これらが依存している内部構造―物的構造と人的構造―との関連を通して考察してみたい。

1　市の概況と地域特性

1）市の沿革と人口の推移

　はじめに本市の位置と面積にふれておきたい。本市は図1のように県南にあって，川越市，大井町，富士見市に隣接し，南北3.0km，東西4.3km，面積は6.67km^{2}で県下39市のうち下から3番目に小さい市である。都心までの距離は直線で30km，交通機関は東武東上線が川越方面から本市を通過して東京都の池袋駅に連結している。池袋駅までは30分の位置にある。

　さて，本市は1889（明治22）年の町村制施行に伴って，川崎村，駒林村，福岡村，中福岡村，福岡新田村の5カ村を合併して福岡村として誕生した。その

第3章　自治体と地域福祉

時の世帯数は321，人口は1,858人であった。1914（大正3）年に東武東上線池袋～川越間が開通し，上福岡駅が開設された。また1927（昭和2）年には東京無線電信会社福岡受信所が開設し，さらに1937（昭和12）年には陸軍造兵廠川越製造所（別名火工廠）が設置されたが，表1の示すように昭和30年代に至るまでは，世帯数も人口数も徐々に増加はしたものの急激な増加はみられなかった。たとえば，1920（大正9）年の第1回国勢調査時には世帯数は455，人口数は2,637人であったが，1940（昭和15）年には世帯数は707，人口数は3,985人，そして戦後の1950（昭和25）年には世帯数1,485，人口数は7,461人であっ

図1　上福岡市の位置

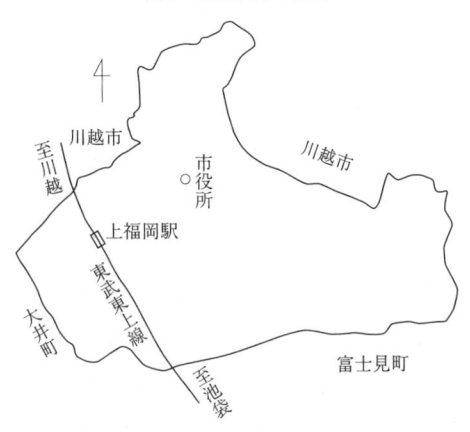

表1　世帯数，人口数，世帯当たり人員数

	世帯数	人口数	世帯当たり人員数
大正9年	455	2,637	5.8
昭和5年	523	2,931	5.6
15年	707	3,985	5.6
25年	1,485	7,461	5.0
35年	4,281	16,652	3.9
45年	14,998	51,747	3.5
55年	19,304	57,929	3.0

資料：各年国勢調査。

た。しかるに1960（昭和35）年には世帯数は4,281，人口数は16,652人となり，さらに1970（昭和45）年には世帯数は14,998，人口数は51,747人と膨張した。この世帯数及び人口数急増の要因は，まず1959～60（昭和34～35）年にかけて約4,000世帯に及ぶ公団住宅団地—霞ケ丘団地（1,793世帯）及び上野台団地（2,080世帯）が建設されたことによるが，次いでこれを契機に周辺部の宅地開発が急速に進展したことに依存している。その後の世帯数は伸びつづけているが，人口数は1975（昭和50）年をピークに横ばい状態となった。1980（昭和55）年の国勢調査によれば，世帯数は19,304，人口数は57,929人となっている。このように世帯数と人口数の推移の中で，1960（昭和35）年11月に村制から町制に変わ

111

表2　産業別就業人口の推移

年度 産業別	昭和35（1960）実数	（％）	昭和45（1970）実数	（％）	昭和55（1980）実数	（％）
第1次産業	830	11.4	552	2.4	377	1.5
第2次産業	2,675	36.8	9,971	44.1	9,533	37.6
第3次産業	3,774	51.8	12,109	53.5	15,463	60.9
計	7,279	100.0	22,632	100.0	25,373	100.0

資料：各年国勢調査。

り福岡町となったが，さらに1972（昭和47）年には市制を施行して上福岡市と名称を変え今日に至っている。なお，本市の1983（昭和58）年度地目別土地利用の状況を統計「かみふくおか」からみると，宅地が45.6％，水田15.7％，畑15.3％，山林・原野1.0％，その他（河川，道路，鉄道用地，公共施設，雑地等）22.3％となっていて，まだ多少農村的色彩を残してはいるが，全体的には住宅都市へ変貌しつつある。

2）産業動向

次に産業動向についてみておきたい。表2は産業別就業人口数の推移を町制施行時からみたものである。1960（昭和35）年にはまだ，第1次産業人口数も1割を占めていたが，10年後の1970（昭和45）年には2.4％と激減し，さらに10年後の1980（昭和55）年には1.5％と縮小している。他方，第2次産業就業人口数は1970年にピークの44.1％まで上昇したが，1980年には37.6％と縮小しており，これに代わって第3次産業人口数は年度を追うごとに増大している。すなわち1960年には51.8％であったものが，1970年には53.5％となり，さらに1980年には60.9％へと増大している。また，1981（昭和56）年7月現在の産業別従業者規模別事業所数をみると，第3次産業の事業所が圧倒的に多く85％を占めている。その主なる内訳をみると，卸売・小売業が54.2％と過半数を占め，次いでサービス業が22.4％，不動産業が5.1％とつづいている。そして規模別では10人未満の零細な経営体が多い。他方，第2次産業内では建設業が8.9％，製造業が6.5％，計15.5％となっているが，従業員数も少なく20人未満の経営体が多い。

以上のように，本市は昭和30年代のはじめまでは人口数は1万人未満で，全

地域に亘って田畑，林等をもつ村落としての色彩が強かったが，1959（昭和34）年以降の大規模な公団住宅団地の建設を契機に，急激な宅地化が進み，市街地が拡大していった。これに伴って産業も第2次，第3次産業の占める割合が年ごとに大きくなり，とりわけ上福岡駅周辺部は一大商業地区を形成し，本市の最も賑やかな地域となっている。

3）主要公共建物・施設設置の推移

そこで次に，本市が村制から町制へ，さらに市制へと発展する過程でどのような公共建物・施設が建設されてきたかを，社会・経済的変動との関連から一べつしておこう。

1960（昭和35）年の町制施行前に建設された建物は中学校1校のみで，これ以外は既存の小学校1校と村役場や農協の建物が主要な公共建物であった。ところが1960年に町制が施行されてから市制施行までの12年間には，小学校4校，中学校1校，保育園1カ所，学童保育室2カ所の児童関係の建物が次々に建設された。とくに1967（昭和42）年には小学校が同時に2校開校されているが，この事実は人口の流入がいかに急激であったかを示す最もよい指標となろう。これはさきにもふれたように，この時期は霞ヶ丘及び上野台の大規模住宅団地の建設とこれを契機に周辺部の宅地化が急速に進行したことにより，若い夫婦とその子どもの世帯が多く転入してきたことに基因していよう。なお，国レベルでは，いわゆる高度経済成長策の最もはなやかな時期でもあったことから，首都圏内は人口急増地域でもあったが，本市も例外ではなかった。なお，霞ヶ丘団地には新住民の入居開始とともに役場の出先機関として支所が開設されている。

次の市制施行後では，引きつづき児童関係の建物・施設の設置が多く，たとえば小学校2校，中学校1校，保育園4カ所，学童保育室5カ所，家庭保育室5カ所，そして心身障害児施設1カ所が開設されている。しかしこの時期は児童関係だけに限らず，老人や一般市民のための各種の施設が建設されている。たとえば老人に関する施設としては，老人いこいの家や老人福祉センター（太陽の家）が設置されているし，一般市民のものとしては，新庁舎の建設をはじめ，各種のセンター，公民館，図書館，歴史民俗資料館といった文化的施設や

市民館，市民体育館，市民プール，市民運動公園等々が建設されている。これは基本的には人口構成上の変化とそれに伴う住民の生活上の諸要求の展開を意味するが，同時に市制施行に伴う設置要件の整備等に負っているものと思う。

なお，本市の公共建物・施設の開発行為にあたって注目したいのは，かつての陸軍火工廠跡地としての国有地の払下げ（有償と無償を含む）が行われ，公共用地として利用できた点であろう。ちなみに国有地の広さは概算（道路部分を除く）で市面積の8.1％に及ぶが，その内訳は国有地を100としたとき民間企業への払下げ分が40.6％，住宅公団（上野台団地）へ31.1％，国家公務員宿舎として4.3％，残りの24.0％が公共用地として払下げられている。公共用地の具体的内容は表3の通りである。

表3　公共用地の利用状況
（昭和60年7月現在，単位は㎡）

総　　　　　計	130,276
庁舎	5,487
第1中学校	37,095
第2小学校	21,502
第4小学校	21,913
上野台保育園	2,112
給食センター	4,498
浄水場	7,492
中央公園	12,597
上野台公園	1,021
高架水槽	734
保健センター	1,046
郵便局	3,400
コミュニティ・センター	2,791
コミセン駐車場	1,598
消防署	752
交番	420
未利用地	5,818

資料：企画財政部企画室の各種資料より作製。

このうち，未利用地についても市が買収し，中央図書館建設用地として予定している。

以上3節に亘って本市の概況を考察してきたが本市成立の基本要件は昭和30年代以降の人口の急激な流入と定着に依存している。その地域特性はすでに考察してきたように，第1に市域は狭小であるのに人口数は多く，人口密度も高い。ちなみに1980（昭和55）年度の国勢調査によれば，1平方kmあたり8,685人で，県下39市のうち第2位の高い人口密度を有している。第2は新しい人口の流入により農村的社会から第2次，第3次産業の従業者の多い住宅都市へ変貌しつつある。なお参考までに従業上の地位別就業者数における「雇用されている者」の割合を1980年度の国勢調査からみると，83.4％を占め，県下39市のうち第1位となっている。要するに本市の住民は圧倒的に勤め人の多いことを

第 3 章　自治体と地域福祉

図 2　市街化の状況

昭和34年　　　　　　　　　　　　昭和52年

上福岡駅　　　　　　　　　　　　上福岡駅

資料:「上福岡市新基本構想・基本計画」4頁。

示している。

　第3に人口の急激な流入に対応して市の公共建物，施設の建設は，国有地の払下げに援けられてかなり整備されてきたが，新しく開発された住宅地は過密かつ過小住宅を形成し，生活空間も乏しい。また新興住宅地との関連でさまざまな道路問題──行き止まり，未舗装，幅員，通学路等が伏在している。とくに駅周辺地域は最も早く開発された地区でもあることから上記の問題が集中的にあらわれているので，駅前広場の再開発とともに今後の政策課題ともなっている。その意味では本市は下水道・道路問題等質的な整備の時期に来ているように思う。ちなみに，下水道の普及率は1983（昭和58）年度現在，人口比で29.3％となっている。なお最後に，世帯当たり平均人員を1980（昭和55）年度の国勢調査からみると，3.0人で県下市町村のうち2番目に少ない人員となっている。これはさきの雇用者率とともに，本市の住民組織や社会的統合力との関連で重要な要件となろう。なお，市街化の状況を参考までに図2に示した。以上を前提として，次に市の福祉対策の現状を検討し，地域福祉問題について考えてみたい。

2　市の福祉対策の概要

1) 社会福祉の機構と福祉予算

　まず，本市の社会福祉にかかわる行政機構からみよう。表4は1985（昭和

60）年4月現在の福祉部の組織図であるが，これによると福祉部と福祉事務所が一体化している。そして福祉事務所長は同時に福祉部長を兼ねている。また，表4の課及び係の下のアンダーラインは福祉部としての仕事と福祉事務所としての仕事を分担していることを示している。なお，各課には各係員のほかに現業員（ケースワーカー）がそれぞれ配置されているが，いま，その配置状況をみると，福祉課では保護係の中に4名，児童福祉課では児童福祉係の中に1名，老人福祉課では老人福祉係及び障害福祉係に各1名が配置され，直接対象者との面接・相談等にあたっている。また，福祉部の職員数は1985（昭和60）年4月現在113名で，これは一般行政職員337名の33.5％となり，3分の1を占めている。

表4　福祉部の組織図（昭和60年4月現在）

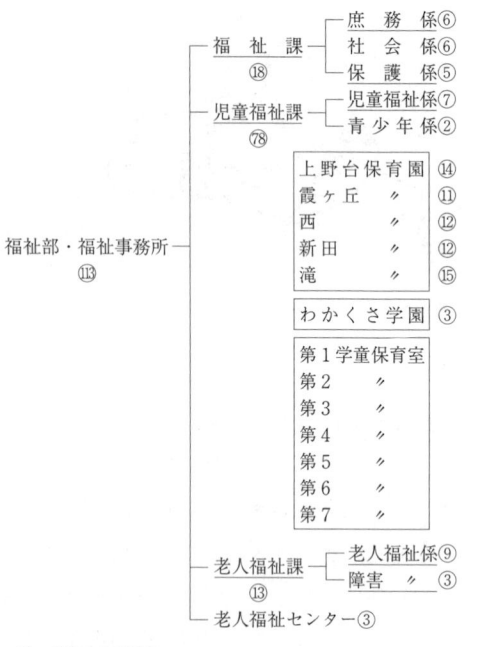

```
                          ┌─ 庶 務 係 ⑥
                 ┌ 福祉課 ─┼─ 社 会 係 ⑥
                 │  ⑱    └─ 保 護 係 ⑤
                 │
                 ├ 児童福祉課 ┬─ 児童福祉係 ⑦
                 │   ⑦⑧   └─ 青少年係 ②
                 │        ┌──────────────┐
                 │        │ 上野台保育園 ⑭ │
                 │        │ 霞ヶ丘　〃　 ⑪ │
                 │        │ 西　　　〃　 ⑫ │
福祉部・福祉事務所 ─┤        │ 新田　　〃　 ⑫ │
       ⑬        │        │ 滝　　　〃　 ⑮ │
                 │        └──────────────┘
                 │        ┌──────────────┐
                 │        │ わかくさ学園　③ │
                 │        └──────────────┘
                 │        ┌──────────────┐
                 │        │ 第1学童保育室　 │
                 │        │ 第2　　〃　　  │
                 │        │ 第3　　〃　　  │
                 │        │ 第4　　〃　　  │
                 │        │ 第5　　〃　　  │
                 │        │ 第6　　〃　　  │
                 │        │ 第7　　〃　　  │
                 │        └──────────────┘
                 ├ 老人福祉課 ┬─ 老人福祉係 ⑨
                 │   ⑬    └─ 障害　〃　 ③
                 └ 老人福祉センター ③
```

注：①○内は職員数。
　　②アンダーラインの課・係は福祉事務所機能を兼務している。
　　③わかくさ学園は心身障害児通園施設。

表5　一般会計予算にみる歳入歳出の状況（昭和59年度）

歳　　入	88億9,610万円　（100.0）	歳　　出	
市　　税	48億602万6千円　（54.02）	総 務 費	16億9,071万6千円　（19.01）
地方交付税	13億8,448万2千円　（15.56）	民 生 費	15億9,853万9千円　（17.97）
国庫支出金	9億1,580万6千円　（10.29）	衛 生 費	13億8,285万6千円　（15.54）
繰 入 金	5億2,299万5千円　（ 5.88）	土 木 費	11億610万1千円　（12.43）
市　　債	5億8,760万円　（ 6.61）	教 育 費	13億3,369万9千円　（14.99）
そ の 他	6億7,919万1千円　（ 7.64）	公 債 費	6億7,029万1千円　（ 7.54）
		そ の 他	11億1,389万8千円　（12.52）

資料：昭和59年7月1日発行の「かみふくおかの59年度予算」より引用。

次に福祉関係の財政配分としての民生費の動向を1983（昭和58）年度埼玉県市町村決算概要から検討してみよう。これによると，本市の一般会計予算の目的別歳出に占める民生費の割合は18.0％で総務費の19.3％に次いで第2位となり，教育費の17.0％，土木費の14.8％に比べてその配分割合は高くなっている。これを埼玉県内の市平均と比較してみると，民生費は14.2％と低く，第1位は教育費で22.5％，次いで土木費の22.0％で，民生費は第3位となっており，これにつづいて総務費が13.8％となっている。県平均からみれば本市の福祉予算はかなり高いことを示している。本市における教育費や土木費の割合が小さいのは，若い世代の人口流入が縮小に向かい，新しい教育施設の拡充が一段落したり，また，生活環境に対する施策も，後にみるように新基本構想，基本計画の策定待ちに基因しているものと思われる。

そこで次に，1984（昭和59）年度の一般会計予算における民生費の内訳をよりくわしく考察してみよう。表5にみられ

表6　一般会計予算における民生費内訳
（昭和59年度）

総　額　1,598,539千円	100.0
(1)社会福祉費　678,233千円	42.0(％)
①社会福祉総務費	12.3
②身体障害者福祉費	4.1
③精神薄弱者福祉費	2.1
④老人福祉費	14.9
⑤老人福祉センター費	3.4
⑥国民年金費	2.5
⑦国民健康保険繰出金	2.8
(2)児童福祉費　552,044千円	34.2(％)
①児童福祉総務費	4.5
②児童措置費	2.3
③母子福祉費	0.1
④家庭児童相談室費	0.2
⑤青少年育成費	0.4
⑥青少年対策費	0.1
⑦学童保育費	4.1
⑧保育事業育成費	0.9
⑨児童福祉施設費	21.3
⑩精神薄弱児施設費	0.2
(3)生活保護関係費　368,266千円	22.8(％)
①生活保護総務費	0.2
②扶助費	22.7
(4)災害救助費　6千円	──

資料：「昭和59年度上福岡市予算書」より作成。

るように，1984年度の一般会計予算総額は88億9,610万円であるが，民生費は15億9,853万9千円で予算総額の18.0％を占めており，1983（昭和58）年度と同様に総務費についで第2位の順位となっている。

さて，次に民生費の内訳を表6からみよう。この表によれば，社会福祉費が42.0％，次いで児童福祉費が34.2％，そして生活保護関係費が22.8％の順とな

っているが，社会福祉費の中には老人福祉費が含まれているので，全体を分野別費目でみるならば，最も予算の多いのは児童福祉費である。この分野の予算が多いのは，基本的には児童・青少年，母子等の母集団が大きいことに依存していよう。費目で最も多いのは保育園等の児童福祉施設費で21.3％を占めているが，この内容は職員の人件費がその中心をなしている。

次に社会福祉費のうち最も割合の高いのは老人福祉関係費であるが，特に④の老人福祉費の内容は老人ホームへの入所，給食，家庭奉仕員等への委託料と老人医療費，手当費等の扶助料が主なるものとなっている。本市における65歳以上の老人数はまだ割合少なく，1984（昭和59）年1月1日現在で3,245人，全人口の5.6％にすぎない。なお，本市の要援護老人数の内訳をみると1983（昭和58）年7月現在で，ねたきり老人は54人，独居老人153人，福祉電話設置者20人，浴そう車派遣世帯21人，家庭奉仕員派遣世帯10人，老人給食受給者95人，施設入所老人28人等となっている。この数字をみる限り本市の老人問題はまだ，さし迫った緊急課題とはなっていないように思う。また，身体障害者福祉費と精神薄弱者福祉費もその割合が低いが，これも対象人員が少ないことに基因していよう。ちなみに1984年度末の身体障害者手帳保持者数は628人，精神薄弱者の療育手帳保持者数は79人，合計707人となっている。なお(1)の①社会福祉総務費はややその割合が高いが，これは基本的には職員の人件費と社会福祉協議会等各種団体への補助金，負担金等が主要なものとなっている。

最後に生活保護費についてみると，その99％は扶助費であるが，そのうち生活扶助費と医療費が80％を占めている。なお，本市における被保護人員は1983（昭和58）年度の年平均で，人口千について6.65となっており，県平均の6.6とほぼ同一水準にある。また，関東1（東京，千葉，埼玉，神奈川）の平均8.9より低いので，一般的には住民の生活水準はまあまあの状況といえよう。

そこで次に，本市の主要な福祉対策の動向を概観してみよう。

2）福祉対策展開の動向

本市の成立は，昭和30年代中頃以降の人口の急増と定着に依存しているが，この人口の増大が2大公団住宅団地の入居を契機としていることから，比較的

若い勤労世代の転入が多く，これが小学校の新設をはじめ保育所や学童保育室の設置等を促すことになった。こうして本市における福祉対策はまず，児童福祉対策から出発したといえよう。市立の保育園と学童保育室の最初の開設は1966（昭和41）年であったが，この時期までにすでに，団地における私立の保育園が団地住民の要求により開設されていたし，団地自治会による保育園と幼稚園を兼ねた3歳児幼児教室が開設され，また学童保育が民間の手で既に活動を開始していたのである。いいかえれば大量の人口の流入がまず児童問題をひき起こし，これが児童福祉対策の展開となったものといえよう。なお，昭和50年代に入ってからは青少年対策が市の単独事業として数多くとりあげられているが，これは上記の児童対策とともに健全育成につながるもので，地域福祉対策の一環を構成するものとみることができよう。

次に，老人福祉対策については，すでに1963（昭和38）年に老人福祉法が成立していたが，これにもとづいて直ちに施策化されているのは老人クラブ育成事業のみで，老人ホーム入所事業は1973（昭和48）年度より，家庭奉仕員派遣事業は1974（昭和49）年度（1968＝昭和43年7月〜1974＝昭和49年6月までは社会福祉協議会へ委託）にようやく開始している。これは基本的には人口構成上から老年人口が相対的に小さくその社会的需要も少なかったことに依存していよう。

わが国でとりわけ老人問題が社会的に注目されるようになったのは，昭和40年代後半からであろう。65歳以上の人口が全人口の7.0％を超えたのが1970（昭和45）年であった。これ以後一人暮らし老人やねたきり老人の問題が次第にマスコミを賑わすようになり，やがて昭和50年代に入ってからは急速に在宅福祉政策が国レベルで提唱され，かつ対策が推進されるようになった。

本市における老人福祉対策の中心はやはり昭和50年代の在宅福祉対策の成立にみることができよう。すなわちねたきり老人対策，一人暮らし老人対策，生きがい対策等がそれである。そして，まだ老年人口の割合が小さいのに，これらの対策が成立し，かつ推進されているのは，基本的には来るべき高齢化社会における深刻な老人問題を予想してのことであろうし，また何よりも国や県の政策指導によるところが大きいものと思われる。

また，心身障害（児）者の福祉対策については児童問題や老人問題と同様に

障害（児）者問題を前提として考えられよう。一般的には障害（児）者問題が社会的に注目されるようになったのは，高度経済成長策のひずみが顕著となり，その反応として発生した住民運動の一環として，主に障害者の親の会が障害児の教育，医療，施設等について各種の要求運動を展開した昭和40年代中頃以降であろう。そしてこのような運動は，その後の障害者対策に一定の影響を与えているように思う。

　本市における福祉対策の展開は，そのほとんどが市制成立後の1972（昭和47）年以降となっているが，これは全国的な障害者の要求運動と世論への影響がこの時期に一定の対策を成立させる要件になったものと思う。地域福祉対策との関連では，国の制度として日常生活用具の給付や補装具の交付，修理等が代表的なものであるが，市の単独事業としてはスポーツ・レクリエーション対策をはじめ精薄児介護人派遣事業や各種補助事業が実施されている。これは一つには国の地域福祉政策の動向に対応するものであるが，同時に本市における手をつなぐ親の会や身体障害者福祉会の存在とその協力活動に負うものと思う。

　以上は各分野ごとの福祉対策成立の背景と地域福祉とのかかわりをみたのであるが，次に，市行政の展開にあたり，行政の住民への対応関係を通して，地域福祉問題について考えてみたい。

3　市行政の展開と地域福祉

1）社会計画と住民参加

　ここではまず，本市における最新の社会計画としての上福岡市新基本構想・基本計画をとりあげ，一つはその策定過程における住民参加の状況ともう一つはそこにあらわれた地域福祉的視点について検討してみたい。

　本市では1972（昭和47）年に1985（昭和60）年を目標年次とする「上福岡市総合振興計画・基本構想」を策定したが，1973年の石油危機以来，経済の高度成長から低成長の時代へも移行し，社会・経済的変動から市の計画も改めて見直す必要に迫られ，1981（昭和56）年6月に「上福岡市新基本構想・基本計画」を策定した。その計画によれば，1980～84（昭和55～59）年度を前期基本計画・

第3章　自治体と地域福祉

実施計画とし，1985～89（昭和60～64）年度を後期基本計画・実施計画としている。そしてその策定にあたっては，新基本構想・前期基本計画が最初に行われ，後期基本計画の審議は1984（昭和59）年6月に発足し，1985年6月に完了している。

　いま前期の策定過程をみると，まず，職員によるプロジェクトチームが結成され，これが中心となって市民団体の意見を吸収し，原案を作成し，次いで市会議員，学識経験者，市民団体による50名からなる「基本構想審議会」に諮問し，その答申によって最終的に決定している。また，後期基本計画の策定にあたっても，まず職員によるプロジェクトチームが結成され，前期基本計画の実施状況を前提として，地区ごとに行政区長，市民団体などとの懇談を通してその意見を吸収し，原案を作成し，庁内調整後に市会議員，市民団体の代表等25名からなる「後期基本計画策定検討委員会」で検討し，庁内調整後に最終決定している。このほか，策定過程で一般市民の理解を得るために，広報紙を通して策定原案を公表し，これに対する意見や要望等を手紙，ハガキ，電話によって市役所の企画財政部企画課へ提出，連絡させている。

　この種の計画の策定にあたっては，住民の意見を反映させるための審議会なり委員会の設置は市の義務的事項となっているが，ここで注目したいのは，原案づくりの過程における住民団体や行政区長との懇談を通しての意見の吸収や原案作成後に一般市民への公開とその意見の吸収の手続についてである。この種の重要な計画に対しては，上記のような手続は当然であるかも知れないが，現実には必ずしも実行されていない場合が多い。ちなみに，県下39市において基本構想策定過程における住民参加の形成として，「市民集会，公聴会，懇談会等の開催」を実施しているのは16市にすぎないのである。[2]その意味では本市の住民参加についての姿勢は大いに評価できよう。

　次に，新基本構想・計画にあらわれている社会福祉の分野における地域福祉の動向についてみておきたい。

　この基本構想・計画には，まず，本市の将来像として「人間性みちあふれる明るい住みよいまち」を掲げ，これを実現する基本目標として五つの柱─①生きがいと健康にあふれるまち，②豊かな教育と文化・スポーツをはぐくむまち，

③豊かな緑を育てる安全で快適なまち、④安定した地域経済が営まれるまち、⑤市民の自治と連帯を推進するまち—を設定している。そしてこの五つの柱に対応する施策の計画を立案し、具体的に実施している。

いま、社会福祉の分野についてみると、上記のうち①がこれに該当するもので、これに対応する計画として「福祉保健医療計画」が設定され、表7にみられるような施策の体系が示されている。

表7　施策の体系

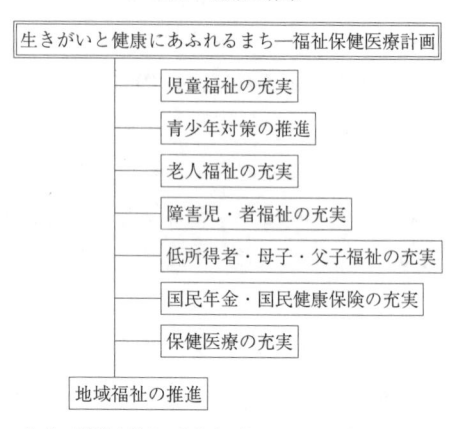

```
生きがいと健康にあふれるまち—福祉保健医療計画
  ├─ 児童福祉の充実
  ├─ 青少年対策の推進
  ├─ 老人福祉の充実
  ├─ 障害児・者福祉の充実
  ├─ 低所得者・母子・父子福祉の充実
  ├─ 国民年金・国民健康保険の充実
  └─ 保健医療の充実
地域福祉の推進
```

資料：「新基本構想・基本計画」1982＝昭和57年3月、28頁。

この表でみる限り、地域福祉は各分野を総括する位置にあるが、計画の中ではその根拠はあまりはっきりせず、むしろ地域福祉に関する考え方は現実には多様であるので、社会福祉協議会やボランティア等民間団体との協議をしながらそのあり方を検討していきたいとしている。そして後期基本計画では、地域福祉の分野にかかわる重点施策として3項目があげられている。すなわち「地域福祉のあり方の検討とその推進」、「社会福祉関係団体の育成と活動の活性化の推進」及び「福祉バンクの拡大」[3]がそれである。

以上のように、新基本構想・基本計画にあらわれた地域福祉に関する市の姿勢は、まず第1に、それが福祉施策の1分野を構成し、かつ他の福祉分野と異なった位置付けがなされていたが、その根拠は明らかにされず、今後の研究課題としていること。

第2には地域福祉の推進には、市が社会福祉協議会等民間団体と協議しながらすすめるが、社会福祉関係団体の育成を通してその活性化を図りたいとの2点に要約されよう。

地域福祉は本章2節ですでに考察してきたように、他の福祉分野にみられるような独自の法体系のもとにその施策が展開されている訳ではないので、施策の体系上、それの位置づけや内容についてはそれぞれの自治体においてさまざ

まな形態としてあらわれよう。本市においては上記のような状況にあった。以上は狭義の社会福祉の分野における地域福祉についてとりあげたのであるが，広義に捉えるならば，新基本構想・基本計画に示された施策の体系のどれをとっても地域福祉にかかわる分野を包含しているが，とりわけ⑤「市民の自治と連帯を推進するまち—行財政コミュニティ計画—」のうちにみることができよう。たとえば，上記の中の項目として次のものがある。「市民自治のコミュニティづくり」と「市民参加の確立」がそれである。

そこで次に，地域福祉活動の推進にあたりその拠点と見なされ，かつ行政にとってかかわりの強い社会福祉協議会をとりあげ，その活動と行政の関係を概観しておきたい。

2) 市行政と社会福祉協議会

周知のように，社会福祉協議会（以下，社協という）は，戦後アメリカの指導により1951（昭和26）年に全国社協の成立を契機に，都道府県社協から漸次，市区町村社協へと上から組織化が推進され，昭和30年代中頃までにはほぼ全国的に組織が普及していった。この過程で社協のあり方が改めて見直され，1962（同37）年に「社協基本要項」が策定され，ここに社協は「住民主体」の原則を打ちだし，これにもとづいて公私の協力による民間団体とされた。

ところで，全国社協において在宅福祉サービスの重要性が強調されるようになったのは，国の政策動向に対応して昭和50年代以降であった。

たとえば，1977（昭和52）年7月の『在宅福祉サービスの戦略』をはじめ，1984（昭和59）年10月の『地域福祉計画—理論と方法』の発表等がそれである。本市の社協が在宅福祉サービスを意図的にとりあげるようになったのは，1982（昭和57）年以降であろう。次いで1983（昭和58）年には「当面の在宅福祉サービスの推進課題について」の策定が行われている。また，この年の12月には有料家庭奉仕員派遣事業として行政より非常勤職員2名が委託され活動を開始している。その意味では，市社協も時間的ズレはあるものの国や全国社協の掲げた在宅福祉サービスへの政策に対応してきたことを示している。

さて，話は前後するが，本市では1951（昭和26）年9月に一応，村社協が成

立しているが，職員は村役場の職員が兼務し，仕事は行政委託のものが中心であった。専任職員が初めて1名配置されたのは，1972（昭和47）年10月の市制施行後であった。そして1974（昭和49）年にようやく社会福祉法人として認可され，翌年4月には事務局長を含めて専任職員3名が配置された。本市の社協活動が本格化したのは上記の経緯から1975（昭和50）年以降とみてよい。そしてこの事務局のもとで理事15名，評議員40名によって事業が計画・実施されているのである。

　市社協の事業内容は，多様でかつ，量的にも多く，年度によっては多少その内容にちがいがあるが，基本的には民間団体としての独自性をもった事業と行政機関からの委託事業からなりたっている。ちなみに1985（昭和60）年度の事業計画の基本方針をみると次のように六つの項目に，その事業計画が示されている。すなわち，①小地域（支部≒27）活動の推進，②ボランティア活動の推進，③団体・機関との提携の推進，④委員会・部会活動の推進，⑤制度的事業の推進，⑥会員会費制度・自主財政の拡充，がそれである。そしてこれらのうち⑤の内容は，心配ごと相談事業，ホームヘルパー・有料家庭奉仕員派遣事業，世帯更生・福祉資金，奨学資金等貸付事業等で，いわゆる行政委託事業となっている。このほかは基本的には社協の独自的事業にかかわっている。すなわち，地域組織化活動や団体・機関との連携，部会活動等本来の社協活動が強調されている。そしてこの事業遂行のための財政力は1985年度予算では4,466万1千円であるが，各種委託事業費等を除いた一般会計予算でみると，収入総額は2,352万3千円となっている。このうち会員からの会費収入は359万円で予算総額の15.3％にすぎないのに，補助金は1,789万5千円で予算総額の76.0％を占めている。しかも補助金のうち市からのそれが89.6％に達しており，市行政への依存率が極めて高いことを示している。また，人事面では，事務局長には従来，民間からの就任が慣例となっていたが，1985年度からは，前任者の退職後，市職員が，その身分（主査）を保留したまま事務局長として就任している。この点は市財政上の理由からか，あるいは市行政と市社協の連携強化の発想からか，その他特殊な理由によるのかは判然としない。ともあれ，市社協と市行政との関係は，上記の経緯から極めて親密な関係状況にあることは事実である。この

点が市社協の独自性を損うことになるのか，あるいは反対に社協が活性化されるかは，今後の活動状況に俟たなければならない。

以上が市社協の現状と市行政機関との関係についての概要であった。そこで次に地域福祉の担い手となる住民自身の動向について考察してみよう。

4　地域住民の動向と市行政

一般的に行政の施策の展開にあたっては，その社会が存立している物理的環境の状況とそこで生活している住民の生活状況や住民組織の動向に大きく左右されるものと思う。本稿では，前者についてはすでに1節で考察してきたので，ここでは主に後者の地域住民の動向に焦点をおいて，われわれの実施した社会調査[(4)]を基礎にして検討してみたい。

いまこの検討の前に，本市の住民組織の状況と市行政が住民への対応のために用意している広報・公聴活動の状況について概観しておきたい。

1) 住民組織と市の広報・公聴活動

地域社会における最も基本的・包括的な住民組織は，自治会または一般的に町内会と呼ばれる組織であろう。本市では全市に29の自治会があって，市民の自治組織をつくっているが，同時にこの組織が行政連絡区として活用されている。「上福岡市の行政連絡区の設置及び行政連絡区長の組織並びに運営に関する規則」が1968（昭和43）年6月1日に成立している。これによって住民の自主的組織であった自治会の区域がそのまま行政連絡区となり，行政連絡区長及び副区長が市から委嘱され，一定の事務を行っている。その主なる内容は，市・県広報その他の書類の全世帯への配布，回覧を要する書類の回覧，地区住民への各種の連絡等，また各種の事業の委託—行政機関の各種委員会の推せん，その他—等がそれである。それゆえ，自治会長と行政連絡区長は別個の存在である筈だが，1985（昭和60）年4月現在では2名を除いて自治会長がそのまま行政連絡区長となっている。

この点は本市の住民組織の動向をうらなう素材となろう。なお，各種団体の

状況を部門別でみると,福祉・医療保健関係団体は13,そのうち福祉関係は8団体となっている。教育・文化・スポーツ関係団体は約217,このうち社会体育関係が約120団体,社会教育関係が87団体,学校教育関係が10団体となっている。また産業経済関係団体は82で,そのうち商工・労働関係が60団体,農業関係が20団体,消費者関係が2団体となっている。その他交通,公害,防犯等の環境整備関係団体が4で,合計316団体に及んでいる。(5)以上は市の資料からみた住民団体の動向であった。

次に,広報・公聴活動をみると,前者では全市民を対象に「市報かみふくおか」が月2回発行されている。1回は16ページにわたるもので全般的内容を含み,もう1回は4ページのいわゆるお知らせ版となっている。このほか各課からの通知が多く,これらはさきの行政連絡区長を通して各家庭に配布されている。また,公聴活動の中心は,企画財政部広報広聴課が窓口となっている。ここでは地域行政懇談会,市長面会,陳情・要望及び市政メールの受付け,開催,その処理等を実施している。また,一般市民の各種の相談を受ける市民相談室が1978(昭和53)年2月に広報広聴課から独立して次のような相談事業を実施している。

すなわち,市政・一般相談,法律相談,労働相談,法律・身の上相談,人権相談,行政相談,困りごと相談,市長・生活相談,等がそれである。

以上が本市の広報・公聴活動の概要である。このように行政は市民への情報提供とともに市民の諸要求を吸収する一定の機構をもっている。本市における行政の住民への対応関係は,みられるように極めて積極的かつ実践的である。これらは行政の側からみた市民参加の施策といえよう。そこで次に住民の側における動向を検討してみよう。

2) 地域住民の意識と行動

ここではまず,一般市民を対象とした調査結果を中心に若干の質問項目をとりあげて,その意味を分析し考察するが,その前に最少限度必要と思われる対象者493名の基本的属性をみておきたい。

まず①性別割合では男性が47.5%,女性は52.5%となっている。②年齢構成

では30代が最も多く27.8％，次いで40代の26.8％で両者の合計が54.6％と過半数となっている。次に多いのが20代で18.7％，50代の15.6％の順となり，中年世代の多いことを示している。③続柄構成では，世帯主本人が45.2％，世帯主の妻が39.6％で，両者の合計が84.8％を占めている。④世帯構成では，「夫婦と未婚の子」の核家族世帯が60.2％を占め，次いで「夫婦と子どもと親」の3世代世帯が15.2％，「夫婦のみ」が11.6％の順となっている。要するに核家族世帯が極めて多いことを示している。⑤職業では「事務・技術的職業」や「経営・管理・専門的職業」及び「サービス業」といったホワイトカラー層が最も多く37％を占め，次いで主婦業の30.8％，そして「熟練労働者」及び「労務従事者」といったブルーカラー層が12％，そして「自営業」が7.9％の順となっている。主婦を除くと大部分が給料生活者となっている。⑥居住の時期では，高度経済成長期が最も多く51.7％と過半数を占め，次いでオイルショック以降が37.5％，そして戦後の5.9％の順となっている。要するに高度経済成長期以降の居住者が90％近いことを示している。⑦学歴では高校（旧中学）卒が過半数の51.3％を占め，次いで大卒，新中卒の順となっている。⑧階層帰属意識ではいわゆる中流意識が圧倒的に高い。

　以上を前提として次に若干の質問項目の検討を通して住民の特性を明らかにしたい。

(1) 地域社会と人間関係

　まず，自分の住んでいる町内の雰囲気をどのように感ずるかをみる設問からみよう。表8はそれを示したものであるが，これによると，「自由にものをいえる町」と感ずる者が最も多く37.1％を占め，次いで自分の住んでいるところに「無関心でいられるような町」とする者が28.6％で，両者の合計が65.7％となっており，反対に「遠慮しながらものをいっているような町」とする者は23.5％と小さい。このことから，彼らの生活している地域社会は，割合，自由な拘束力の少ない社会とみることができよう。これは基本的には，本市の住民は高度経済成長期以降に転入してきた人たちが多いことから，伝統的生活慣行といったものに左右されないで生活できることによるものと思う。

そこで次に，これと関連して人々のつき合い関係についてみることにする。表9はつき合い関係を町内と町外に分けて，その多少を問うたものである。これによると，まず「町外のほうが多い」とする者が35.5％で最も多く，次いで「町内のほうが多い」とする者は28.8％でこれにつぎ，さらに「ほとんど町外の人」が12.8％，「ほとんど町内の人」が9.5％の順となっている。そこでつき合い関係を町外と町内にわけて合計すると前者は48.3％，後者は38.3％となり，両者の間に10％の格差がみられる。これはさきの基本属性にあらわれていたように，大部分が給料生活者であるとともに，市外への就業者の割合が市内へのそれより多いことに依存していよう。ちなみに1980（昭和55）年度の国勢調査では，市外への就業者率は67.7％で，市内のそれは32.2％であった。

表8　町内の雰囲気　　（　）は実数

あなたがお住まいのこの町内はつぎにあげるもののうちどれに近いとお思いですか。

1．だれもが自由にものをいえる町	37.1％	(183)
2．多くの人が何かに遠慮しながらものをいっているような町	23.5	(116)
3．多くの人が自分の住んでいるところに関心をもっていないような町	28.6	(141)
4．わからない	10.8	(53)
計	100.0	(493)

表9　つきあい関係　　（　）は実数

あなたは，町内の人と町外の人ではおつきあいしているかたの数はどちらが多いですか。

1．ほとんど町内の人	9.5％	(47)
2．町内のほうが多い	28.8	(142)
3．町外のほうが多い	35.5	(175)
4．ほとんど町外の人	12.8	(63)
5．どちらともいえない	12.6	(62)
6．わからない	0.8	(4)
計	100.0	(493)

　次に，地域社会における住民組織についてみておきたい。地域社会にはさまざまな住民組織があるが，地域を単位とした最も包括的な組織はさきにもとりあげた自治会又は一般的には町内会といわれるそれである。この点について住民の対応をみてみよう。

　まず，「あなたがお住みになっている町に町内会，自治会がありますか」といった設問により，その存在の有無を問うてみると，「ある」と答えた者は97.4％で，「ない」は0.4％，「わからない」は2.2％となった。そこで次に「ある」と答えた者に，町内会・自治会への加入の有無を問うてみたら「加入して

いる」とする者が88.3％，「加入していない」とする者が11.7％となった。この結果から加入者を全対象者比でみると86.0％となり，この加入率は極めて高率であることを示している。このことから本市の町内会・自治会の組織率の高さが推定されるが，これはさきに考察したように，行政連絡区の設定及び行政区長制度の成立と密接に関連があるものと思われる。次の設問の反応はこの点を示唆しているように思う。次の設問とは，以下の二つで，町内会・自治会に加入していると答えた人を対象にしたもので，その一つは表10の示すように，その性格を問うたものである。これによると，町内会・自治会は「県や市の行政事務の下請団体」とする者の割合が42.2％を占めており，反対に「市行政に対して住民の諸要求を訴える組織」とする者は33.9％と3分の1にとどまっている。もう一つは町内会・自治会の運営の仕方についての評価にかかわるもので，表11がそれである。これによると「役員の人の考えだけで運営されている」と回答した者が44.6％を占め，「みんなの意見をよくきいて運営されている」とする者は26.4％と低い。いいかえれば，民主的運営より役員の主導的運営が優っているといえよう。以上のように自治会の組織率は極めて高いものと推定されるが，その組織の性格と運営に関する評価では，住民主体にもとづく自治組織としてはやや問題を残しているように思う。これはさきの二つの設問に対する反応とともに，本市住民の担っている特性とみることができよう。そこで次に，この点を住民参加という観点から考察してみよう。

表10　町内会・自治会の性格

（　）は実数

町内会，自治会の性格はどのようなものでしょうか。

1．下からの盛りあがりに支えられ，市に対しても住民のいろいろな要望を訴えている組織	33.9％	(167)
2．県や市の行政事務を連絡することが中心となっている組織	42.2	(208)
3．わからない	21.5	(106)
計	100.0	(493)

表11　町内会・自治会の運営

（　）は実数

町内会，自治会はどのように運営されていますか。

1．みんなの意見をよくきいて運営されている	26.4％	(130)
2．みんなの意見をよく聞くというより役員の考えだけで運営されている	44.6	(220)
3．どちらともいえない	12.4	(61)
4．わからない	14.0	(69)
計	100.0	(493)

(2) 住民参加と市行政への対応

まず,「住民参加」という用語についての認識の有無からみることにしよう。「住民参加」という言葉を知っているかどうかを問うたところ,62.7％が「知っている」と回答し,25.4％が「聞いたことがある」と答え,両者を合計すると88.1％に達しており,この用語についての認識度は極めて高いことを示している。ところが,表12の設問のように,「住民運動」が起ったときどのように対応するか,といった場合に,最も割合の高かった回答は3の「署名やカンパの求めなら応じてもよい」とするもので47.1％を占めている。次いで多かったのは2の「会合や大会に出席してみたい」で18.1％となり,最も行動力を発揮できるはずの1の「自分も積極的に運動に参加したい」は僅か10.5％にすぎない。「署名やカンパ」への間接的参加率は高いが,直接的参加率は低く,1と2の合計でも28.6％で3分の1にも満たない。要するに住民参加の用語についての認識度は高かったが,実際行動による参加意識は低調であることを示している。この点は福祉の分野についても同様である。

表12 住民運動への対応　（　）は実数

上福岡市内で「地域開発」から「自然」や「生活」を守るための住民運動が起った場合どうしますか。

1. 自分も積極的に運動したい	10.5％	(52)
2. 会合や大会に出席してみたい	18.1	(89)
3. 署名やカンパの求めなら応じてもよい	47.1	(232)
4. 関心がない	12.4	(61)
5. いっさい関係したくない	3.9	(19)
6. このような運動はすぐにでもやめるべきだ	0.8	(4)
7. その他	3.0	(15)
8. わからない	4.3	(21)
計	100.0	(493)

たとえば,「社会福祉の問題に関心をおもちですか」といった単純な質問に対して,「おおいに関心がある」が35.9％,「多少関心がある」が52.7％で,両者を合計すると88.6％に達し,「あまり関心がない」と「まったく関心がない」の合計は僅か10.5％で,その関心度は極めて高いことを示している。また,「社会福祉活動について"市や県の行政機関にまかせるだけでなく,地域住民も労力や時間をさいて援助や世話をしたほうがよい"といった意見がありますが,賛成でしようか」といった設問に対しては,「おおいに賛成」が35.5％,「どちらかといえば賛成」が36.1％,「どちらともいえない」が23.9％,「どちらかといえば反対」が3.0％となっており,全体的には賛成への態度が極めて顕

著である。しかし，「ここ1～2年の間に何らかの奉仕活動（ボランティア活動）に参加なさったことがおありですか」といった設問に対しては，「ある」と回答したものは僅か11.4％にすぎない。しかも，その活動内容には，福祉の分野にだけでなく，その3分の1強が清掃，交通整理，廃品回収活動及び各種団体の活動等を含んだものとなっている。以上のように福祉の分野についても，その関心度は高いが，実際行動としての参加については消極的であることを示している。

　それでは住民要求を実現する方法についてはどのように考えているだろうか。

　いま，次の設問を事例としてとりあげ，その内容を考えてみよう。市の将来を決めるような重要問題が起きたとき，住民はさまざまな対応を示すが，それら市民の意見や要望をどのように反映させたらよいかを問うたものである。これに対して46.3％が「市民の意見や要望を直接反映させる方法を考える」と回答しており，次いで「団体・組織や有力者をつうじて意見や要望をつたえる」が23.3％となり，「市の組織を利用する」が20.7％の順となっている。

　このように，住民の意見や要望の反映方法は，直接伝達型がその中心となっていて，町内会・自治会等その他各種の団体を通して，あるいは，地域の有力者—議員，自治会長または行政区長等—を通して，その要求を満たす間接伝達型は少数派となっている。周知のように，かつての村落共同体を基盤としていた行政町村では，住民の意志反映の伝達方法は共同体組織を通じたり，地域の有力者を介しての間接的伝達方法が中心であった。その点，本市はすでにその基盤を喪失しており，給料生活者階層を中核とする近郊住宅都市へ変貌しつつあるので，上記のような結果となったものと思われる。ただ，設問が仮りに，日常生活問題と設定されたときには，その基本的傾向には変化はないとしても「市の組織の利用」あたりはもう少し比率が上昇するものと推定される。

　以上2項にわたって本市の一般住民の動向を考察してきたが，次に社会福祉にかかわる団体の役職者の動向を通して，その特性を明らかにしてみよう。

3）「社会福祉」団体の役職者層の意識と行動

　ここではさきにもふれたように，社会福祉にかかわりのある団体の役職者を

対象としたアンケート調査結果をもとに表記の課題に接近するが，まず，対象者とその基本的属性について最少限度必要と思われる点についてみておきたい。

(1) 対象者と基本属性

調査の対象者は次の人たちにより構成されている。すなわち，社会福祉協議会（以下社協という）の理事・評議員，保護司，民生委員，老人クラブ代表者，高齢者・身障者事業団（以下事業団という）の役員，子ども会育成団体連絡協議会（以下子ども会という）の代表者，地域青少年指導員（以下青少員という）の役員，福祉バンクの役員，身体障害者福祉会（以下身障福祉会という）の役員，手をつなぐ親の会（以下親の会という）の役員及び行政区長（以下区長という）等，総計309名である。そして調査の結果，回収された最終有効票は143ケースとなった。

以下の叙述はこの143ケースを前提にしたものである。ただし得られたケース数が極端に少ない団体については，その特性に応じて，これと共通性をもつ若干の団体と統合して取扱った。

まず①性別では男が46.2％，女が53.8％となっているが，団体別では福祉バンクの全員が女性で，区長は全員が男性となっている。②年齢階層は45歳以上層が多く，とりわけ65歳以上層と45～54歳層が最も多く，次いで55～64歳層となっている。団体別では65歳層の多いのは老人クラブ・事業団で70％を占めているが，45～54歳層の多いのは民生委員，保護司，福祉バンク，区長等のグループとなっている。③職業では全般的に無職が多く61.5％を占めているが，これは対象者が女性と高年齢者が多いことに依存している。④世帯構成では「夫婦と未婚の子」といった核家族世帯が最も多く46.8％を占めているが，次いで「夫婦と子と親」といった3世代世帯が21.7％，「夫婦のみ」が16.9％とつづいている。「夫婦のみ」の多いのは老人クラブ・事業団である。⑤学歴では新制高校（旧中・女学校）卒が50％を占め，次いで新制中学（旧高等小学校）卒となっている。⑥居住時期では，1959～71（昭和34～46）年が55.2％と過半数を占め，次いで1945～58（昭和20～33）年の16.1％となり，親の代からかまたは1945（昭和20）年以前からの人たちは14.0％で，対象者の大部分が戦後に移住してきた

表13 地域生活に対する一般市民と役職者別態度

	一般市民	役職者
1．ここはたまたま生活しているだけで，この土地にはさして関心や愛着といったものはない。地元の熱心な人たちがよいようにしてくれるのであれば，その人たちにまかせる。	17.9（％）	0.7（％）
2．この土地にはこの土地なりの生活やしきたりがある以上，できるだけこれにしたがって人の和をくずさないようにする。	23.9	19.6
3．この土地に生活するようになった以上，自分の生活上の不満や要求を市政その他にできるだけ反映してゆきたいと考えている。	14.4	23.1
4．地域社会は自分が生活していくうえでひとつのよりどころであるから，住民としてお互いにすすんで協力して住みよくするよう心がけている。	41.6	55.9
5．わからない。	2.0	0.7
計	100.0	100.0

新住民であることを示している。

　以上が対象者の基本的属性であったが，これをさきの一般市民のそれと比較してみると，まず①年齢的に若い世代が少なく中高年齢層が多い。②職業では無職の者が多いこと，③世帯構成では，いわゆる核家族世帯の割合がやや少なく，反対に3世代世帯と夫婦世帯のそれがそれぞれ多くなっている。④学歴では一般市民の側にやや高学歴の者が多いが，これは若い世代が多いことによるものと思う。⑤居住時期ではいずれも戦後であるが，一般住民の人たちより早い時期の移住者であること等が主なる特徴であろう。

　そこで次に，これら対象者についての調査結果を具体的に考察してみよう。

(2) 社会福祉活動へのかかわり

　これら対象者は基本的には，市行政に何らかの形で協力ないし，かかわりをもっている人たちか，もしくは自己の生活向上ないし，自己防衛のために努力している人たちである。その意味では，地域社会や行政施策に対して，一般市民と異なった考え方や行動の仕方をもっているものと思われる。そこでまず，両者の地域社会における生活態度について考察してみよう。

　表13は地域生活に対する考え方について問うたものである。この表によると，両者とも4の「地域社会は生活のよりどころであるので，お互い協力し合って

住みよくするよう心がけている」に対する回答の割合が最も多いが，両者の間には14.3％の差があって福祉団体の関係者たちにその割合が高くなっている。次に目につく点は，第2番目に回答の割合が高かったのは，一般市民では2の項目であるのに，福祉団体の関係者では3の項目となっている。しかし特に注目したいのは，1の「ここはたまたま生活しているだけで，この土地にはさして関心や愛着といったものはない。地元の熱心な人たちがよいようにしてくれるのであれば，その人たちにまかせる」といった項目に対する両者の反応の仕方である。この設問はいうまでもなく，地域社会に対して関心や愛着がなく，他人まかせの生活態度をあらわしたものであるが，一般市民の人たちは17.9％が回答しているが，福祉団体の役職者では僅か0.7％にすぎない。ここに両者の地域社会に対する生活態度の基本的相違をみることができよう。

次に，一般的市民についてはすでに考察してきたのであるが，「社会参加」という用語について，これら役職者の反応についてもみておこう。「あなたは住民参加という言葉をご存知でしょうか」といった設問に対して，85.3％が「知っている」と答え，「聞いたことがある」が11.2％で両者の合計が96.5％に達している。団体別では社協役員と区長が100％「知っている」と答えている。他方，一般市民については，すでにみたように，この認識度はかなり高く「知っている」と回答したのは62.7％，「聞いたことがある」としたものは25.4％で，この合計は88.1％となっているが，それでも両者の間にはその認識度にかなりの相違があることを示している。そこで次に，これら対象者がここ数年間にかかわってきた社会福祉の分野における参加の状況をみておきたい。これは調査にあたり次の5項目について，それぞれ自由回答の形で記述してもらった内容を整理したものである。

すなわち①地域の組織や団体づくり，②施設づくり，③県・市への陳情・請願，④市の審議会・委員会への参加，⑤公聴会・その他がそれである。まず①では50名が回答しているが，その内容は子供会，青少年健全育成，老人クラブ，一人暮らし老人会，障害者福祉会，親の会，母子会，市民の健康づくり，社協の支部づくり，地域福祉推進事業，コミュニティづくり，町づくり等々となっている。②の施設づくりに参加したのは16名で，その内容は，老人福祉センタ

表14　市の福祉サービス

	総　数（％）	社　協	民生委員保護司	老人クラブ事業団	身障福祉会・親の会	福祉バンク	福祉青少年子ども会	区　長
1．実によくやっている	30.8	47.0	36.1	41.2	14.3	12.5	10.0	23.1
2．まあまあよくやっている	58.7	47.0	57.4	52.9	71.4	75.0	55.0	76.9
3．あまりやっていない	3.5	—	4.9	—	—	—	10.0	—
4．まったくやっていない	—	—	—	—	—	—	—	—
5．どちらともいえない	2.1	—	—	—	14.3	12.5	5.0	—
6．わからない	4.9	5.9	1.6	5.9	—	—	20.0	—

備考：(総数・143)

一，コミュニティ・センター，老人いこいの家，地区集会所，図書館，勤労福祉センター等々となっている。また，③については23名が回答している。主なるものは学童保育の設備の充実，授産所，図書館，集会所の設置，小学校校庭の拡張と新体育館の建設，道路の拡張・補装，通勤・通学道路の確保，児童公園の設置，夜間休日診療のための予防センターの建設，下水道・防犯灯設置，都市計画の変更と推進等といったかなり広範な生活・福祉問題への参加が行われている。さらに④については21名が回答している。その主なる団体名をあげると次の通りである。医療懇談会，公民館審議会，民生委員推薦会，上下水道審議会，地域福祉モデル事業，福祉問題懇談会，国民健康保険運営委員会，学校給食審議会，校外生活指導委員会，保育所入所選考委員会等々がそれである。また⑤の公聴会には7名が参加したとしている。

　以上はこれらの対象者がかかわってきた社会参加の概要であるが，その内容は狭義の社会福祉の分野だけでなく，かなり広範な日常生活上の諸問題にわたって活動していることを示している。

(3)　市の施策の評価と福祉行政への姿勢

　ここではまず，社会福祉の分野における市の施策・サービスについての評価からみよう。表14は市の施策や福祉サービスについてどのように感じているか，を問うた回答である。これによると「まあまあよくやっている」と答えたものが58.7％を占め，次いで「実によくやっている」とするものが30.8％で，両者

合計すると89.5％に達している。特に社協，老人クラブ，事業団及び民生委員・保護司といった直接に市の福祉行政にかかわっている人たちに評価が高い。なお，市の保健・医療の分野についても同様な質問を試みたが，これによると「まあまあよくやっている」が58.7％，「実によくやっている」が15.4％で，両者合計すると74.1％となり，この分野についても福祉の分野ほどではないが評価は高い。しかし「あまりやっていない」が14.0％，「全くやっていない」が2.8％と僅かではあるが批判的評価のあったことは注目する必要があろう。とくに批判的であったのは子ども会・青少員，社協及び区長グループであった。また，この点は「保健・医療施設への要望」についての調査項目の中で，救急医療体制，休日・夜間診療体制を含めた総合病院ないしこれに準ずる診療施設の設置が強く要請されていたことにも関連があろう。

そこで次に，地域福祉にかかわる彼らの実践的課題についての考え方をみてみよう。「地域の福祉を高めるにはどんなことに留意したらよいか」といった設問により，①行政機関について，②福祉施設について，③一般市民について，それぞれ自由回答の形で意見を求めたが，以下はその要点である。

①については27名が回答している。その主なる点をあげると次のような内容となる。まず，市行政と社協の連携を密接にすること，市の窓口をもっと大きく開き住民に相談しやすくすること，また，部・課の横の連絡をよくして住民の各種申請手続等をスムーズに処理すること，税金の無駄づかいを省いて真の弱者を救済すること，政治的偏向にならないよう有識者の意見を聞いたり，住民のニーズを正しく把握して行政を行うこと，また，選挙がらみの施策でなく，住民本位の施策を行うこと，行政主導型に偏らないためにボランティアの育成を行い，行政の活性化を図ること，生活保護行政や医療保護行政の公正化を計ること，また市議会議員の定数をもっと縮小したらどうか，といったかなり広範囲な内容となっている。

次に②については，25名の回答があったが，その大部分は施設の設置を要望する内容となっている。すなわち，福祉と教育の関係を密にして児童施設の充実を計ること，障害者，障害老人のためのリハビリ施設の設置，老人の短期入所施設・老人ホームの設置，ねたきり老人の入院できる病院の開設，心身障害

表15 福祉観について

	総数	(%)	社協	民生委員	保護司	老人クラブ	事業団	身障福祉会	親の会	福祉バンク	子ども会員	青少年員	区長
①権利としての社会福祉	6.3	(6.9)	11.8	4.9		17.6					5.0		
②自助努力の強調	37.8	(20.9)	23.5	49.2		41.2				25.0	30.0		38.5
③相互扶助の強調	29.4	(24.1)	47.1	27.9		11.8		57.1		50.0	25.0		15.4
④日本的生活慣行の活用と公助	23.8	(41.6)	17.6	13.1		23.5		42.9		25.0	40.0		46.2
⑤不　　　明	2.8	(6.5)		4.9		5.9							
計	100.0	100.0	100.0	100.0		100.0		100.0		100.0	100.0		100.0

但し（　）内は一般市民

児・者の施設又は一時預り所の設置等，このほかコミュニティ・センターの設置，または夜間に利用可能な青少年のための施設や総合体育館の設置等がそれである。

③については19名の回答があったが，その主たるものをあげると大略次のようになろう。

近隣との交流を計り，市民のたすけ合いが必要である。行政のみに依存せず，もてる力を出し合って協力すること，ボランティアとして参加してほしいが，できないときには募金などに協力してほしい。一般的に住民は行政について無関心であるが，せめて行政の広報紙位には目を通してほしい。自治会・社協の役員等を通じて住民の意見をもっと行政に反映させよ。ボランティアに関する講習会をもっと開いてほしい。市の税金は大きなところに使い，市民は補助金をあてにしないこと等々であった。

以上のように，これら対象者は当然のこととはいえ，さすがに団体の代表者らしく，それぞれの項目に対してかなり的確に問題点とその課題について指摘している。そこで最後に，彼らの福祉観を検討しておこう。

表15は福祉観を四つのパターンに分けたもので，①は権利としての福祉観を示し，②は自助努力を強調したもので最近の政府論調をもりこんだ福祉観である。③は相互扶助または社会連帯性の強調で，これは②と関係したもので伝統的な生活慣行を基調とした福祉観である。④は現在の福祉施策をすすめるにあ

たり①と②，③の中間的と考えられる福祉観として設問した。

さて，この質問の回答をまず，総数でみると，最も割合が高かったのは②の「自助努力の強調」で37.8％となっている。次いで③の「相互扶助の強調」が29.4％，そして第3位が④の「日本的生活慣行の活用と公助」で23.8％となっている。なお，①の「権利としての社会福祉」は僅か6.3％にすぎなかった。また，団体別では「民生委員・保護司」及び「老人クラブ・事業団」に②の「自助努力の強調」が多く，「社協」と「身障福祉会・親の会」及び「福祉バンク」に③の「相互扶助の強調」が多い。他方，「区長」及び「子ども会・青少員」は④の「日本的生活慣行の活用と公助」を支持する割合が高くなっている。以上からこれらの人たちの福祉観は全体的にみれば，伝統的な福祉観が強く，最近の政府論調に対応する保守的・現実路線にあるように思う。

ところでこれを一般市民についてみると，次のような結果になっている。すなわち，一般市民では「日本的生活慣行の活用と公助」への回答が最も多く41.6％となっている。次いで③の「相互扶助の強調」が24.1％となり，さらに「自助努力の強調」が20.9％，そして「権利としての社会福祉」はここでも6.9％と低調であった。

このように福祉団体の役職者たちと一般市民の人たちの間には，福祉観において大きな隔たりがみられる。ただし権利としての福祉観については両者ともほとんど差がなく低調であったことから，前者を保守的，後者を進歩的と分類する訳にはいかない。それでは両者の福祉観の差は何に依存しているだろうか。

一つは両者における年齢階層の構成の相違にあるものと思うが，もう一つは行政の福祉施策に対する理解度にも関連があろう。この点については，市の福祉サービスに対する両者の評価のちがいから推定できよう。

すなわち，「社会福祉の分野で，市の施策やサービスについてどのように感ずるか」といった設問に対して，「実によくやっている」と回答したのは，福祉団体の役職者では，さきにみたように30.8％であったのに，一般市民では僅か9.9％にすぎない。また「まあまあよくやっている」とするものは，前者では58.7％であるのに，後者では49.9％となり，さらに「あまりやっていない」については，前者では3.5％であるのに，後者では11.8％となっている。

このように一般市民の人たちの福祉行政に対する評価は，福祉団体の役職者に比べると，かなり低く，かつ市の行政に直接かかわっていないことから，市の行政施策に対する理解度も低いものと思う。これらが相重なって両者の間に一定の差ができたものと思われる。

以上のように，本節では一般市民と社会福祉にかかわっている団体役職者の意識と行動を，主に地域社会と行政機関への参加問題との関連で比較検討してきた。その結果は事柄に対する認知度や関心度の領域よりも，実践的活動への参加意欲ないし実践活動そのものに大きな相違がみられた。

現実の地域社会はこうした市民の織りなす社会であって，行政の施策もこうした現実を前提として展開されているものと思う。すでに本市の物的環境の状況については考察してきたし，人的動向についても一応それが終ったので，最後に市の福祉施策との関連から本稿の課題について総括してみよう。

総　　括

本稿が目標としてきたのは，国の福祉政策及び地域福祉政策についての理念と施策そのものの両面に大きな変化があらわれてきているが，これらの理念や施策を前提として地方自治体レベルにおける地域福祉の動向を明らかにすることであった。しかし，現実の自治体はそれ相応の社会的問題をもっているので，自治体の福祉施策ないし地域福祉施策の検討にあたっては，その自治体の存立している物的・人的（社会的）諸条件の分析が必要不可欠である。このような観点から4節にわたって，その実態を明らかにしてきたのである。以下はその要点と問題点である。

まず第1は，物的諸条件との関係についてである。本市は比較的狭い市域に大量の人口が流入し短期間のうちに村制から市制へと発展した。この人口の流入過程に対応して市は公共建物・施設の設置に努めてきた。その限りかなり整備されてきたが，なおかつ多くの課題が残されている。この点を最もよく示している事例は市の新基本構想・基本計画の策定にあたり，区長及び住民団体とのヒアリング等によりまとめた「地区別問題点と整備課題」の一覧表である。

図3　地区番号

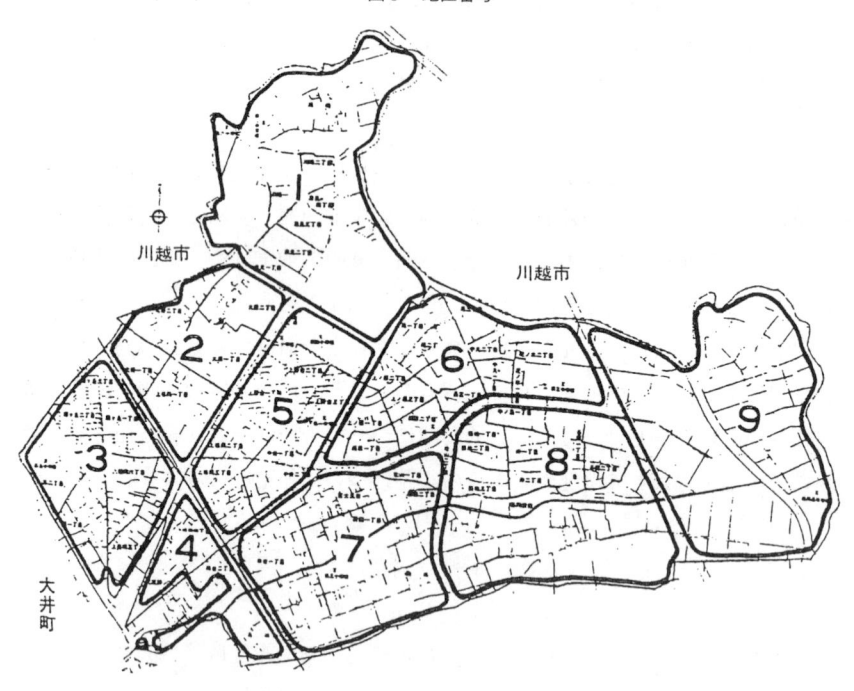

資料：表-16と同じ

　表16がそれである。地区番号は図3の通りである。これは地区ごとの生活環境に対する整備課題を示したものであるが，これらはいずれも地域福祉対策の基礎的要件とみることができよう。このほか福祉・医療の分野でも，いくつかの施策化を迫られる点が多いように思う。4節で考察した福祉団体の役職者たちのとりあげた施設・機関—障害者・障害老人のリハビリ施設・老人短期入所施設，老人病院，総合病院等—の開設要望はその例である。一般的に在宅福祉サービスの重要性がいわれている中で，本市ではまだ，施設福祉への要望も強く，生活環境の整備とともにこの側面の開発が引きつづき地域福祉発展の条件となっている。

　第2は行政と住民の関係における問題点である。本市の住民の大半は，戦後，とりわけ高度経済成長期以降に移住してきた新住民である。1959～60（昭和34

表16 地区別問題点と整備課題

地区番号	現状と問題点	整備課題
1	・市街化区域内は基盤整備済の良好な住宅地 ・調整区域は農家中心だが，若干住宅地の混在 ・工場地域及び新河岸川沿いに緑地が多い ・清見―集会所用地がない ・人口増加可能性大	・今後の宅地化の規制誘導策の検討 ・地区内道路の舗装 ・工場内及び新河岸川沿い緑地の保全 ・集会所用地の確保 ・良好な住宅地環境の保全
2	・北野大原はスプロールした過密住宅地 ・上福岡1は商業地域だが住民との用途混合あり ・道路形態が整っておらず狭く迷路化 ・子供の遊び場，集会所は民有地のため不安定	・防災対策の検討　・駅前広場の整備 ・建築行為の規制誘導策の検討 ・地区内主要道路の幅員の確保 ・子供の遊び場の確保　・大型店対策
3	・住民団地と住商農地混在地区 ・道路形態が整っておらず狭く行き止まりが多い ・街区が大きく街区の中心部に空閑地存在 ・低層マンション等の建設がみられる ・空地駐車場化	・行き止り道路の解消，主要道路幅員の確保 ・子供の遊び場の確保 ・建築行為の規制誘導策の検討
4	・住工農地混在地区一部商店街あり ・工場点在，農地は丸山地区に多い ・住宅は過小宅地　・スナック騒音問題あり ・江川の浸水，みどり化学の公害問題 ・行政界が入り組んでいる	・建築行為の規制誘導策の検討 ・子供の遊び場の確保 ・江川の改善　・公害対策 ・行政界の簡素化
5	・住宅団地と商住混合の旧市街地 ・路線商業地があるが停滞ぎみ ・住民団地北側は公共施設群 ・上福岡3は行きどまり道路あり ・住宅の建て替えあり ・集会所用地買い上げの要望あり	・建築行為の規制誘導策の検討 ・行き止まり道路の解消，主要道路の幅員の確保 ・防災対策 ・子供の遊び場の確保
6	・土地改良が行われた農地が多い地区 ・部分的に過密住宅あり　・工場点在 ・人口増加の可能性大　・1小マンモス校化	・今後の宅地の規制誘導策の検討 ・地区内主要道路の舗装 ・農地・緑化の保全・1小マンモス化の解消
7	・新興住宅地　・工場点在　・農地多い ・耕地整理による道路にクルトサック型に宅地が形成されはじめている。 ・江川のはんらんあり　・3小マンモス校化 ・人口増加進行地区	・今後の宅地化の規制誘導策の検討 ・区画街路整備の検討 ・地区内主要道路の舗装 ・3小マンモス校化の解消 ・江川の改修　・農地の保全
8	・農村集落を中心とした農地の多い地区 ・新興住宅地が混在 ・工場点在 ・調整区域から市街化区域編入の要望あり	・今後の宅地化の規制誘導策の検討 ・農地の保全 ・254バイパスによる交通問題への対策 ・254バイパス沿いの土地利用の規制誘導 ・農村集落環境水準の向上
9	・農村集落地区 ・水田地帯 ・工場点在 ・新河岸川旧河川の排水が悪い ・小1への通学路が危険	・給水，排水等農業基盤の整備 ・農村集落環境水準の向上 ・通学路の安全化 ・地区内道路の安全化 ・地区内道路の舗装

資料：「上福岡市新基本構想，基本計画」143頁．

〜35）年の大規模団地の建設された時期から10年間位は急激に人口が増加し，これに伴い，物的諸要件が未整備だったこともあって，住民要求は強力であった。すでに考察したように，公立保育園の設置要求や学童保育問題に対する住民運動が展開された。また，社会教育の面では―「例えば，公民館建設運動は，まず昭和51年10月に開催された第１回公民館大会における公民館建設を要望する強い住民の声を起点として始まった(7)」とあるように，昭和50年代はじめにまず，公民館建設運動が住民運動の形で進められ，さらに昭和50年代後半には歴史資料館や新図書館建設運動へとつながっている。これらの経緯をみる限り，本市の住民は主体的かつ実践的な人たちの多いことをうかがわせるが，実際のわれわれの調査結果ではこれに対してかなり否定的であった。すでに考察したように，一般市民の地域社会や行政への参加意識は極めて低調で消極的態度が強かった。また，自治会の機能についても，自ら行政の下請機関と考えている人たちが多かったことや自治会の会長の大半が行政から委嘱された行政区長職を兼担している。こうした背景の一つには「就業者の83％が雇用されている者で，しかもその68％が市外に職場をもっている人たち」（昭和55年国勢調査より）から構成されていることにも依存している。ともあれ，地域福祉の推進には，一般市民の主体的な社会参加が不可欠の要件であろう。その意味では，本市の一般市民にはこれを欠いている人たちが多いと推定されるので，これらの点は市民の側における問題点ということが出来よう。しかし，他方にはすでに考察したように各種団体があって，これらの役職者たちも，さきの福祉団体の役職者と同様に，行政機関や地域社会への参加を通じて活動しているので，同じ市民でも，社会参加の観点からみる限り，市民に二つの階層が存在することは明らかであろう。本市における各種の住民要求の運動は，恐らくこれら団体のリーダーを中心に展開してきたものと思われる。今後，人口の定着に伴いこれら団体間の交流が進めば，社会的共感も期待できるし，そのことが地域福祉の発展につながるものと思う。

　次に，行政の側から市民への対応にあたり，市民の行政への参加を積極的にすすめている事例としては，新基本構想・基本計画の策定過程にみることができたし，また，公聴・広報活動もその機能を持っている。これらの活動はいず

第3章　自治体と地域福祉

れも行政への市民参加に貢献している。ただ，これらのうち広報活動の一環として活動している行政区長制度の運用には若干問題があるように思う。さきにもふれたように自治会長が同時に，行政区長であることは行政の側からすれば好都合であっても，住民自治の観点からすれば必ずしも望ましいものではない。その点についての何等かの工夫が今後の課題となろう。

　第3は，地域福祉と組織間連携にかかわる問題である。一般にわが国の行政組織はいわゆるタテ割り行政機構をとっているが，地域福祉の分野では，その展開にあたって，その対象が何であれ，基本的には関係機関—福祉事務所，保健所，民生委員，社協等—．関係団体及び地域住民等の理解と協力は不可欠の要件であるし，そのための組織間のヨコの連絡調整は極めて重要な作業手続となろう。しかし一般的には，行政機構の基盤がタテ割りである限り，仮に地域福祉，在宅福祉に関する国の通知・通達といった行政指導があっても，組織間のヨコの連絡調整を拘束する機能が確立していないならば，基本的には行政の業務はタテ割りの機構にそくして展開されるのが普通である。本市においても，福祉施策の分野でみる限り，基本的には同様な状況にあった。

　狭義の社会福祉分野においては在宅福祉対策などは進展していたが，行政内・外における組織間の連携についてはあまりはっきりした動きは見当たらなかった。ただ，本市の福祉部には福祉問題懇話会があって，さきにみたように福祉バンク制度の成立とその組織化が進められており，その限りこの事業の進展にあたっては，各種の関係機関，団体との交流が行われている。

　3節1）の「社会計画と住民参加」の項でみたように地域福祉は福祉各分野を総括する位置にありながら，その明確な説明がなかったのは，地域福祉にかかわる独自の法体系が存在しないので行政の現場ではその取り組みに消極的にならざるを得ないものと思われる。そこをどのように関連づけられるかが今後の課題であろう。

　なお，公私の組織間については，行政機関と社協の関係を通して検討してきた。すでに考察してきたように，行政職員がその身分を保留しながら同時に社協の事務局長を兼担していたが，この点は組織間の連携強化には極めて有効と思われるが，他方，民間団体としての独自性の維持についてはいささか疑問が

143

残ると思われる。なお社協の独自性については，財政の行政からの脱却こそ最大の要件かも知れない。

　普通，市町村社協は大抵なんらかの財政的ハンディを担っているが，こうした状況の中で社協活動を左右しているのは，専任職員の個人的資質とリーダーシップのいかんにかかっている場合が多い。本市の社協も基本的には新事務局長を中心とする職員の活動に期待することになろうか。また，市当局も地域福祉問題に対する活動は社協に期待しているように思う。その意味でも両者の間で，地域福祉にかかわる役割分担と協力体制についてしっかりした展望を構築されることが望ましい。　　　　　　　　　　　　　　　　（1985年9月記）

付記　本研究報告は，「地域社会計画と住民参加に関する研究」をテーマに「東洋大学特別研究費」の援助をうけて昭和58年度事業として，研究代表者，山下袈裟男，共同研究者，藤木三千人，小林幸一郎，広瀬英彦及び西山茂の各氏により実施した調査研究の一部である。なお，上記各氏はいずれも本学社会学部の専任教員である。

注
(1) 埼玉県総務部地方課編「昭和58年度：市町村決算概要」25-26, 108-109頁。
(2) 埼玉県市町村行政振興協会編「地域福祉ハンドブック」1985年3月, 100頁。
(3) これは1981（昭和56）年2月に創設された制度で，その狙いは住民自身が自発的に地域社会に参加し，相互の援け合いを通して在宅者介護の体制をつくることにあるが，同時にこの活動により地域福祉の形成と住みよい町づくりに貢献しようとするものである。福祉バンク制度の内容は，介護サービスの提供者とそれの受給者からなる会員制度により，一定のサービス行為を点数で評価し，点数の預託にもとづいて将来，サービス受給の必要となった時に引き出してサービスを受けとる制度である。会員は30名以上を単位として1支部をつくり，1985（昭和60）年4月現在3支部（104名）が成立している。
(4) 本調査は上福岡市の一般市民を対象としたものと主に社会福祉関係にかかわる団体役員を対象とした二つの調査を含む。前者は本市に在住する20歳以上の男女を対象とし，確率比例抽出法によって全市64町丁目から20地点を選び，800サンプルを抽出した。調査方法は質問紙による個別面接調査法をとり，最終有効数は493で有効回収率は61.6%であった。（調査時期は1983＝昭和58年10月14日～17日）
　　もう一つの調査は，社会福祉関係にかかわる団体役員309名を選出し，郵送によるアンケート調査の結果，回収有効数は143で，回収率は46.3%であった。（調査時期は1983

年11月30日～12月10日）
(5) 企画財政部企画課編「上福岡市新基本構想・基本計画」1982年3月，180頁。
(6) 福祉観の質問内容は次の通りである。

最近，「社会福祉」のあり方が，新聞やテレビなどでよく論議されていますが，もし仮に「社会福祉」の考え方を次の四つに分けるとしたら，現状からみて，あなたに一番ぴったりするのはどれでしょうか。（○印して下さい）
1．戦後，日本の社会福祉は大きく変り，憲法25条の精神にもとづいて発展してきたが，今後も権利としての福祉をすすめるべきである。
2．社会福祉の発展は好ましいことであるが，あまりお金をかけすぎると，なまけ者がふえ，活力のない社会になりかねないので，自助努力をもっと強調すべきである。
3．日本には昔から，家族・近隣・企業などでのたすけ合いの生活慣行があったが，もう一度それを見直して，これらの連帯を通して社会福祉活動を推進すべきである。
4．日本の福祉水準はかなりよくなったが，まだでこぼこがあって不充分なので，公的な社会福祉をもっと充実させて，日本的なよい生活慣行も活用しながら社会福祉をすすめるべきである。

(7) 「地域社会計画と住民参加に関する研究—埼玉県上福岡市の事例を通じて—」（東洋大学昭和58年度特別研究報告書自由課題所収）463頁。

主要参考文献

上福岡市「10歳の上福岡明日に向って—市制施行10周年記念要覧—」1982年3月。
上福岡市「昭和58年版，統計『かみふくおか』」1984年2月。
上福岡市「昭和59年度上福岡市（一般会計・特別会計）予算書」1984年3月。
上福岡市「上福岡市新基本構想・基本計画」1982年3月。
上福岡市企画財政部広報広聴課「地域行政懇談会のまとめ（政策体系別）」1983年3月。
上福岡市企画財政部広報広聴課市民相談係「昭和57年度市民相談年報（昭和57年4月～同58年3月）」1983年3月。
上福岡市「世論調査報告書（昭和57年9月実施）」1982年12月。
上福岡市社会福祉協議会「地域に学び地域に根づく社協づくりをめざして—上福岡市社協10年史—」1984年10月。
上福岡市社会福祉協議会「昭和60年度事業計画並びに一般会計・特別会計予算書」1984年3月。
上福岡市福祉バンク本部「上福岡市福祉バンク制度—高齢化社会にむけて—」1983年6月。
埼玉県市町村行政振興協会「地域政策ハンドブック」1985年3月。

埼玉県総務部地方課「市町村決算概要他」1985年1月。
「地域社会計画と住民参加に関する研究—埼玉県上福岡市の事例を通して—」(研究代表者　山下袈裟男)(東洋大学昭和58年度特別研究報告書所収) 1984年10月。

第 4 章

高齢者問題と在宅福祉

1　ヨーロッパ福祉先進国探訪
——ドイツ・イギリス・スウェーデンの事情——

　1996年8月にエイジングセンター主催の「ドイツ，イギリス，スウェーデン高齢者福祉医療対策」視察に参加する機会を得た。しかし期間はわずか2週間であり，それぞれの国に4日間程度の滞在という駆け足の視察であったので，詳しい内容については今後の資料的検討が必要となるが，ここでは垣間見たり，聞いたりしたそれぞれの国の高齢者福祉政策の動向を，標題にそって報告したい。
　いうまでもなく，これらの国は福祉先進国で，日本が福祉政策を推進するにあたり，手本として学んできた国である。いずれの国も高齢化率は日本より高く，早くから高齢化社会に対応して福祉政策を展開してきた。
　さて，2週間の視察を終えた頃ふり返ってみると，これら3国に共通の背景があることに気付いた。その一つは，どの国も国家財政の厳しさを訴えていた点である。もう一つは，どの国も人を大切にする理念が，福祉の現場にしっかりと根づいている点である。以下は3国の事情である。

1）ドイツ

　ドイツは，周知のように世界で最初に社会保険を創設した国である。その伝統の故か，いま新たに公的介護保険（1995年1月）を導入し，高齢者福祉を推進している。ノルトライン・ウエストファーレン州労働社会問題省の介護保険

担当者によれば，ドイツでは従来，介護に使う独自の財源はなかった。貧困な要介護者には，自治体の税金による社会扶助（生活保護）で対処していたので自治体の財政を圧迫してきた。そこで，公的介護保険のねらいは自治体の財政軽減と高齢者の貧困化を避けることにあったという。人口高齢化の中で社会扶助の給付額は増大し，結局，国家財政悪化の一要因にもなったもので，介護保険は全国民を対象とした保険の加入による資金調達で，これを通して介護問題の解決と国家財政の軽減を図ったものである。

保険料は税込月収の1.0％（96年7月より1.7％）を労使折半で負担している。この運営主体は疾病金庫（健康保険機関）に併置された介護金庫で，その運用にあたっては，限定された財源を有効に使うため，一定の枠が設定されている。例えば，介護給付額は，要介護程度1～3に分類されている。介護分野では在宅介護と施設介護が対象となり，在宅介護には現金給付と現物給付（プロによる介護）が設定されている。在宅者への現金給付ではその上限は1カ月1，2，3のレベルにより，それぞれ400マルク，800マルク，1,300マルク，現物給付ではそれぞれ750マルク，1,800マルク，2,800マルク，施設給付ではそれぞれ2,000マルク，2,500マルク，2,800マルク（96年7月より適用）となっている。このうち在宅介護が最優先順位を与えられ，次いで部分介護（デイ・サービス等の通所施設），完全（入所）施設介護となっている。なお，施設入所費（宿泊・食事）は自己負担が原則で，これを支払えない不足分は社会扶助が適用されている。ちなみに，95年度の在宅介護の実績は，8割が現金給付，1割が現物給付，残り1割はその混合であったという。

そこで次に介護保険との関連で行政の中核である州政府の対応と介護サービス提供にかかわるソーシャル・ステーションについて取り上げる。ドイツは16世紀の国家形成期から19世紀後半の国家統一まで州は自治権をもっていたこともあって，今もその名残りが強く，行政組織は基本的には連邦と州政府の二層構造となっている。さて，介護保険導入にあたり，連邦は州政府にいくつかの責任を課している。介護行政の基盤整備とその運営管理等は州政府が担うことになった。例えば，介護にかかわる施設の整備や病院とリハ施設の連携等を含めた介護のネットワークの整備，それらにかかる財源及びその対象となる自治

体，団体等の範囲を計画することは州に課せられた。またそれらにかかる費用は自主財源で賄うことも義務付けられている。ノルトライン・ウエストファーレン州では，3カ年の過渡的計画として，在宅介護を優先させるために部分的介護施設をできるだけ整備することにし，それに参画する団体には投資の100％を援助している。このような施策の選択と投資の割合は州ごとに異なっている。ついでにふれるならば，要介護状態の認定基準の大枠は連邦政府がつくったが，その細目は州ごとにきめている。なお，州レベルで設置を義務付けられたものに介護委員会と苦情処理的機関がある。前者は連邦，州，市町村，介護金庫，疾病金庫，民間福祉団体及び民間企業等の代表者30名で構成され，団体間の利害の調整等を中心に定期的に会合を開いているという。

　ソーシャル・ステーションは，介護サービスセンターとも呼ばれ，在宅の介護サービスを提供する拠点で従来は公的なものもあったが，大部分はドイツ伝統の民間福祉団体により経営されていた。しかし介護保険導入後は，社会的必要性からその設置を容易にするため，常勤で有資格の介護士と正看護婦の2名（州によっては4，5名）以上及び専門の簿記係1名がいれば開設できることになった。その結果，現在は全国で4,000か所以上になっているという。

　デュッセルドルフ市にあるカリタス福祉団体のソーシャル・ステーションの事例では，仕事の内容は，家事援助，食事サービス，子どもの世話，エイズ等特別な分野のケアや終末ケア等で，スタッフは介護士，看護婦及びホームヘルパー等全体で15名からなり，138名を対象としている。対象者の順位は，病人，老人，子どもで，要介護者は病院のソーシャルワーカー，家庭医，教会などからの連絡を通じて本人の申請によって対象者となる。また，介護金庫と疾病金庫から支払われた金額の割合は55％と45％となっている。なお，行政機関との関係では，介護保険導入後は補助金がなくなり，ソーシャル・ステーションは市場原理の中で競争をする立場になったという。

　最後に，現地で聞いた問題点をあげておく。介護保険は法律制定後，わずか3カ月で実施したので，要介護状態の認定基準など準備不足で暫定的規定になっている。その上，要介護の認定基準は州ごとに異なるので要介護者比率にアンバランスが生じたり，苦情処理の対象となる認定をめぐる問題が多発してい

る。もう一つは，介護サービスの中核的担い手である介護士，とりわけ専門職としての人材が不足しており，これは社会的地位が低いことによるので，これをいかに高めるかが今後の課題であるという。

2）イギリス

　イギリスは，戦後，ベヴァリッジ・ケインズ体制による福祉国家として出発したことはよく知られている。しかしオイルショック後，国家財政の悪化を契機に体制の見直しが始まり，とりわけサッチャー政権の折に政策理念が大きく変わった。公共部門への市場の競争原理の導入，民営化路線などは余りにも有名である。そして70年代に始まった高齢者の介護を施設や病院から自宅や地域社会で支えるようにするといったコミュニティケアの政策理念が，1990年の「国民保健サービス及びコミュニティ・ケア法」に集約された。福祉多元主義，混合経済型福祉，市場原理の原則，パートナーシップなどの用語は，いまイギリスの政策状況を示すキーワードといってよい。

　さて，ここではいま進行中の強制競争入札（CCT）[2]とボランタリ団体について取り上げる。CCTとは，地方自治体（県）に民間との競争を強制する入札制度のことで，入札にあたり仕事の人員，コスト，サービスの内容等について民間営利団体や非営利団体と競争させ，入札，契約を通して最適のサービスを購入する制度である。これはサッチャー政権下でゴミの収集，道路の清掃・管理等の現業部門で始まり，次第に拡大化し，今日では福祉分野にも広く普及している。福祉分野では，1993年4月，県のコミュニティ・ケア発足の折に自治体機構の改革によって生まれたサービス購入部門で入札・契約が始まったといわれる。従来，公共サービスを取り扱う部門は一つであったが，いまはサービス購入部門とサービス提供部門に分かれ，そこに市場原理を導入し，民間団体との競争を通してサービスの質の向上，費用の効率化，経営の合理化を図ろうとしている。いま，イギリスでCCTは，現業部門から法務，財務，人事，コンピュータ等の事務部門へ拡大しつつあるという。ちなみに，ロンドン市では96年4月に法務の45％，同10月に財務及び人事の35％，97年10月までにコンピュータ分野で70％がCCTの導入をきめているということである。なお，CCT

推進にあたり，施設検査部門及び苦情処理システムを導入して，その施策への適切な対応を図っている。

　他方，この政策動向と密接に関連し，イギリスの福祉を支えている膨大なボランタリ団体がある。ちなみに，いわゆるチャリティ団体認可のボランタリ団体は18万という。この中には福祉にかかわる団体が多数ある。「エイジコンサーン」もその一つである。エイジコンサーンは有給の専門スタッフを多数もち，イギリス全土に1,450の支部を置き，94年度の収入は1,300万ポンド（23億円）に達している。その収入の内訳は，政府補助金28％，寄付・遺贈49％，収益活動22％。また支出は，高齢者向け人件費46％，支部活動27％，募金活動11％，本部人件費及びボランティア25万人の人件費16％となっている。収入のうち寄付・遺贈の割合が高いのは税制上の優遇措置によるものと考えられるし，また政府補助金の多いことと併せて，イギリスのボランタリ団体育成の姿勢をうかがわせるものである。

　エイジコンサーンの仕事の分野をわれわれが訪ねたミルトン・キーンズ市の事例でみると，高齢者を対象に多様な活動をしている。たとえば，デイサービスの運営，情報提供，介護者への支援，ミニバスの提供，カウンセリング，研修活動，あるいは高齢者のニーズ調査や代弁，行政や他団体との連携（パートナーシップ）等はその例である。そして県との間にデイサービスについての契約をとり付け，市からは補助金を得て公的部門と競争・協力関係の中で仕事を実施している。

　以上は，CCT導入の動向とボランタリ団体の福祉分野への参加の一端をみたのであるが，これらをみる限りイギリスが国家財政軽減と併せて福祉サービス向上に努めている姿勢をみることができる。しかし現場では厳しい意見や批判の声も聞かれた。たとえば，コミュニティケアの理念はよいが，やはり財源不足だ。予防的ケアに使える金がない。施設や病院の閉鎖により在宅でのケアラー（介護者）の支援という新しいカテゴリが生まれた等はその例である。

3）スウェーデン
　スウェーデンは，いわゆるスウェーデン・モデルで知られるように理想的な

福祉国家とみなされてきたが，一般的には高福祉・高負担型の福祉国家のイメージが強い。近年，後期老年層の増大や景気不振などで財政抑制策をとっている。失業率は現在8％で平常年度の2％前後からみれば異常な上昇ぶりである。

　スウェーデンではエーデル改革（高齢者医療・福祉統合政策，1992年）以前は，県は保健・医療を，コミューン（市町村）は福祉を担当していたが，この改革では県の医療行政下にあった長期療養病棟―ナーシング・ホーム，痴呆性老人のデイケアやグループホーム及び入院中のいわゆる社会的入院患者等，介護にかかわる分野をコミューンの所管に移した。社会的入院患者については，患者の退院まではコミューンがその経費を負担することになった。また，これら患者の受け皿としてのサービス・ハウス（ケア付住宅）や痴呆老人のグループ住宅等，住まいの整備もコミューンの行政責任となった。この改革の狙いは，一つは高齢者・障害者等のよりよいケアであり，もう一つは高齢者医療費の抑制にあったようである。なお，医療には初期医療と専門医療（病院）があるが，前者はコミューンに地域保健医療センターを置き，外来診療，訪問看護，在宅医療サービスを24時間体制で行っている。

　さて，ここではエーデル改革後の変化の状況について取り上げる。まず，コミューンにおける医療と福祉の関係をみると，両者は窓口の一本化により患者の無駄なタライ回しがなくなり，社会的入院患者も減少し，患者の受け皿としての住まいの整備も進んだという。また，県の医療行政下にあったリハビリテーション・補助器具サービスの権限もコミューンに移管され，住民が身近で容易に利用できるようになった。在宅医療についても，コミューンにその権限を移管できることになっていたが，現在，全国のコミューンの半分（140）が在宅医療をその管轄下におき，在宅医療サービスを実施している。在宅医療の現場では，地域保健医療センターと専門医療（病院）の医療スタッフがケアプラン会議を定期的に開き，これにリハチームも参加して，かなり高度な医療サービスの提供が可能になったという。ちなみに，在宅医療チームの職員構成をみると，地域医師（一般医）(1)，主任看護婦(1)，正看護婦及び準看護婦それぞれ(9)，医療ソーシャルワーカー(1)，理学療法士(1)，必要に応じて作業療法士も参加，パートの事務員(1)，からなる。1チームの対象者数は35～40名で，対象者

のカテゴリは身体的慢性的疾患及び末期患者等となっている。他方，専門病院の老年医学科では，リハビリテーションを重視し，入院はできる限り短期間とし，地域医療や在宅医療におけるリハビリテーションの利用を奨めている。

次は，ケア資源の見直しとその効果的利用に関する件で，いまその積極的な活動が行われている。たとえば，老人医学・専門病院の小規模病棟がコミューンに移管され，ナーシングホーム等に変更，再利用されたり，ストックホルム圏の医療行政では，救急病院統廃合による再編成が行われている。改革前には救急病院は，行き場のなかった患者のたまり場になっていたが，住まいの整備が進み再編成を可能にしたという。また，もう一つ注目したいのは公共サービスの民間委託の事例である。イェルフェラ市のサービス・ハウスがその例である。このサービス・ハウスは元来，コミューンの経営であったが，職員が身分を民間に替え，民間会社を設立し，コミューンとの契約により委託事業として引き受けたものだという。いわば公設民営方式をとっている。これは公共職員の合理化を示す徴候だろうか。

以上，エーデル改革後の状況を概観したが，結局，この改革は高齢者医療の金のかかる専門医療部門をリストラして在宅医療にその中心を移し，これと関連してケア資源の見直しと再利用を通して在宅福祉サービスの拡充を図ったものといえよう。この改革はいまなおその過程にあるが，一般的には評価は高いようである。しかしナッカ市地域保健医療センターのアンケート調査結果の中には，専門病院の医療スタッフからみれば，在宅医療の評価は低く，また，ナーシングホームの建設や施設職員数も不足しているといった評価もみられた。

4）まとめ

ドイツは介護保険で新たな財源を調達し，それをいかに効率よく使ってサービスにあてるかが焦点であった。イギリスはCCTの導入により，民間の公的部門への参入で公的部門の合理化を計り，福祉については公・民の協力で対処する。スウェーデンは，高齢者医療の中の介護部分を医療から分離させて，地域医療の拡大を通して在宅ケアの充実を図るといったものである。いずれも財政問題が改革の課題であったことと併せて，どの国もその政策を在宅ケアや地

域ケアにシフトしていた。わが国も福祉関係八法改正後，在宅福祉ないし地域福祉が進展しているが，通所施設や入所施設はまだ不足しているし，またその最低基準の見直しには，これら三国から学ぶ点が多い。とりわけ，人を大切にする福祉の理念－自己決定の尊重，ノーマライゼーション等－の現実化には，わが国と大きな隔たりがある。この隔たりを埋め，併せて財政問題とバランスをとりながら，長期的展望に立った福祉政策の推進を望みたいものである。

(1996年9月記)

注
(1)　1マルク＝約78円（1996年8月）。
(2)　CCT = Compulsory Competitive Tender

付記
　　ドイツの介護保険制度の要点
1．介護保険制度の運営主体は，疾病金庫（健康保険機関）に併置された介護金庫である。
2．被保険者は全国民が対象となり，国民全体が介護保険に加入する。
3．保険料は労使折半で税込み収入の1.7%である。国庫負担はない。
4．要介護者は三つの介護程度（レベル）に区分され，給付額に上限がある。
5．要介護認定は医師や介護士等からなるメディカル・サービスにより，第三者的組織により行われる。
6．ケア・プランの作成は，在宅介護サービス機関や介護施設等で無料で行っている。
7．在宅介護と施設介護があるが，原則として在宅介護が優先する。
8．在宅介護には現金給付と現物給付がある。
9．地方自治体は連邦政府から介護の行財政への自主的，積極的かかわりを要請されている。
10．サービス供給団体は，民間非営利団体のほか民間営利団体も参加している。

なお，「付記」作成にあたっては，次の文献を参考にした。
　　濱口・クレナー牧子著「ドイツ介護保険導入・3年後の状況」『季刊エイジング』第17

第4章　高齢者問題と在宅福祉

巻第1号，エイジング総合研究センター所収，1999年6月，46-47頁．

2　在宅ケア論序説

1）在宅ケアの意味

(1) はじめに

　ケア（care）の用語について一言ふれておきたい。在宅ケア，施設ケア，地域ケアあるいは，2000年4月から実施になった公的介護保険制度の英語表現では"The public nursing care insurance system"[(1)]となり，ナーシング・ケアが使われている。岡本裕三は「ケア」とは何か，と彼の著書にそのことばの由来を求めている。そして英語辞書からcareの意味を吟味し，次のように述べている。「要するに『ケア』というのは『困っている人』『なにか面倒を抱えている人』を助けることだ[(2)]」としている。また，川喜多愛郎は医療と看護との関係に即してケアについて次のように述べている。「医療が『やまい（illness）』への最善の対処を目的として行われる技術的・人間的行為であるならば，病人をできるだけ自然で良好な状態におく『世話（care）』─中略─である看護は，当然『治療（cure）』の欠かせない部分であることは理解にかたくないだろう[(3)]」。このように医療の現場ではケアは病人への世話であり，この世話をする行為が看護ということばで表されていると同時に，これは治療に欠かせない基本的部分を形成していることになる。なお，看護婦の業務は法律上では「傷病者若しくはじょく婦に対する療養上の世話又は診療の補助をなすこと」（保健婦助産婦看護婦法第5条，1948（昭和23）年）となっており，その行為は業務独占領域になっている。

　更に『広辞苑』[(4)]によれば，ケア（care）は"介護，世話"とある。そこで「世話」についてみると「人のために尽力すること，面倒をみること」とある。これは先の岡本裕三の定義に近い。他方，「介護」についてみると「高齢者，病人などを介抱し，日常生活を助けること」とある。介護の関連用語に「介護福祉士」がある。これは，ケアワーカーとも呼ばれ，社会福祉士（ソーシャルワーカー）とともに社会福祉における専門職の一つとなっているが，看護婦の

155

ようにその行為は業務独占ではなく，名称独占にとどまっている。なお，ついでながら，医療関係者としての理学療法士（PT）および作業療法士（OT）は，看護婦等と同様に業務独占の領域にかかわっている。

　以上，やや横道にそれたが，上記のように，ケア（care）ということばの使い方については医療の分野でも福祉の分野でも共通に使用できるベーシックな用語として理解しておきたい。

　さて，次に在宅ケアという用語については，一般的にいえば，社会福祉における在宅福祉サービスなり，保健医療における在宅医療に基づく治療や看護を在宅のまま，あるいは居宅で提供されること，言い換えれば，家庭がそれらのサービスにおけるケアを提供できる場所になるということであろう。したがって，社会福祉の分野でも保健医療の分野でも在宅ケアという用語が独自に使用されてきており，また実際に使用されている。

　ところで近年，高齢化社会の進展により，いわゆる要援護なり要介護高齢者が増大してきた。これに伴ってこれら高齢者ができるだけ在宅において自立した生活を送ることができるような高齢者対策が必要となってきた。そのために社会福祉における在宅福祉サービスと保健医療における在宅医療サービスの連携を中心に，施設ケアも含めた総合的な高齢者対策の推進が強調されるようになった。この集約された政策が介護保険制度の創設であった。

　われわれがとりあげた在宅ケア論は，上記の要援護高齢者の総合的施策のうち，主に在宅の分野に注目し，単に社会福祉の分野だけでなく，保健医療の分野も含めてその施策の実態と問題点を検討し，あわせて望ましい在宅支援のあり方を考究することである。そこで次に，これらの点をもう少し理解するために在宅ケアをめぐる若干の論点をみておきたい。

(2)　在宅ケアをめぐる論点
≪在宅ケアの定義をめぐって≫
　全国社会福祉協議会発行の『在宅福祉サービスの戦略』によれば，在宅福祉サービスの構成を図1のように示し，在宅ケアを位置づけている[5]。
　そして，同書70〜71頁には「在宅福祉サービスの内容（スケルトン）」が示さ

図1　在宅福祉サービスの構成

対人福祉サービス　　　｛予防的サービス
（広義の在宅福祉サービス）　専門的ケア
　　　　　　　　　　　　　在宅ケア　　　｝狭義の在宅福祉サービス
　　　　　　　　　　　　　福祉増進サービス

出所：全国社会福祉協議会編『在宅福祉サービスの戦略』全国社会福祉協議会，1985年，51頁。

れ，それぞれのサービスの種類，職員等が詳しく分類されている。専門的ケアサービスの種類では，保健・医療サービス（訪問看護，巡回医療，リハビリテーションサービス）ほかが例示され，その担い手は専門職および準専門職となっている。そして在宅ケアサービスには家事援助サービス（全面的：ホームヘルパー，介護人ほか，部分的：給食，ふとん乾燥，入浴，ベビーシッター，洗濯，友愛訪問，家事ほか），住宅補修及び設備改善，家族介護者に対する援助等が例示され，その担い手は非常勤職員が中心であるとしている。

『現代社会福祉事典』[6]及び『現代福祉学レキシコン』掲載の「在宅ケア」の事項解説では，いずれも基本的には上記文献の在宅ケア論を踏襲している。たとえば，後者の事項解説では「在宅ケア」を次のように定義している。

「一般的に，専門的ケアとともに，狭義の在宅福祉サービスの一つとして位置づけられる個別的・直接的・非貨幣的福祉サービス。家族や親族だけでは十分に充足できない福祉ニーズを持つ人々を，可能な限り在宅において処遇するという居宅処遇の原則に基づき，それらの人々に対して，家族内で行われる家事や介護などのケアサービスを社会的に代替，補完する福祉サービスである。

在宅ケアについての考え方は，それを主に地域の住民やボランティアの参加によってなされる非専門的サービスであるとする考え方が一般的であるが，—中略—保健医療，教育などの専門サービスを行う専門家などの協力，参加も必要とする考え方が一方ではある[7]」。

このように在宅ケアは，基本的には保健医療等の専門的ケアを含まない，あるいはこれと区別された狭義の在宅福祉サービスを前提として解説されている。

≪時代とともに移り変わる在宅ケアの考え方≫

このように定義された在宅ケアの考え方は，『在宅福祉サービスと社会福祉

協議会―「在宅福祉サービスの戦略」から10年,現状と今後の展望』[8]のなかで改訂されている。ここでは「在宅老人ケアの体系」が次のように示されている。A. 在宅老人ケアの基礎となる施策の体系,B. 在宅医療・保健・看護ケアの体系,C. 在宅福祉サービスの体系,D. 相談・情報・連携の体系,E. 在宅の要援護者・家族の組織活動,がそれである。このように,かつて在宅ケアと区別されていた保健医療の分野も在宅老人ケアの一つとして位置づけられている。ここに高齢者問題対策の変化の動向をみることができる。

　他方,高齢者問題と関連して在宅ケア論を特集している雑誌がある。『ジュリスト増刊号』で『高齢社会と在宅ケア』(1993年4月)がそれである。本雑誌の冒頭にこのテーマに沿った形での座談会が組まれている。司会者役でもある佐藤進は「はじめに」のなかで次のように述べている。

　「高齢者の扶養態勢が,従来の大家族を軸にしての家族扶養の態勢が整っているというか―中略―そういう時代から核家族化,そして共稼ぎ化の時代を迎える。しかも,家族ではケアをするという能力が非常に弱くなっている。そこで今日,行財政の面と絡めまして,あるいはヨーロッパのノーマライゼーション思想などということで少しかかわりまして,在宅ケアの政策が出されてきました。ここで在宅ケアとは,とりわけ要援護高齢層の方々に対する家庭での保健医療と介助との二つあわせた,できればヒューマンな処遇のあり方ということで捉えますと,そういう統合的な政策の展開が迫られることになる」[9]。このように要援護高齢者問題との関連で在宅ケア論が登場してきたことを指摘している。

　続いて,前掲書から二つの論稿に示された在宅ケアの考え方をみておこう。一つは山崎摩耶で,もう一つは本田典子である。

　まず前者では,次のように定義している。「在宅ケアとは,在宅医療(看護・介護を含む)と在宅福祉,さらに保健の領域を含むサービスである。ゆえにその対象も,プライマリーケアから慢性疾患や障害をもった人,そしてターミナルケアまで,あらゆる健康ステージの人となる。関わるスタッフも,医療専門職のみならず,保健・福祉専門職がチームでケアを提供することになる。その上に療養や回復への援助が重ねられていく」[10]。

また，後者では在宅ケアの対象とかかわらせて次のように述べている。「在宅ケアは，施設に入所する処遇よりも，通所・訪問のどちらかであっても，居宅サービス供給の中心的な場面と考える処遇を優先する人々を対象とし，心身機能低下のために居宅において利用者の必要に応じて行われる何らかの看護，リハビリテーション，身辺介助，家事援助などの看護・援助の総称といえよう。—中略—また在宅ケアは，住み慣れた家で，地域で暮らしつづけることが人間らしい生き方であるとの合意にたつものである」。

　以上，やや長い引用になったが，在宅ケアの考え方は，最初は『在宅福祉サービスの戦略』にみられたように，保健医療等の専門的ケアは在宅ケアから区別されていたが，後に高齢者問題対策の進展に伴い，それらも含めて考える広義の在宅ケア論へ発展している。

　なお，日本に紹介されている海外のものの一つに，アメリカのアブラハム・モンク（Abraham Monk）とキャロル・コックス（Carole Cox）による『在宅ケアの国際比較—欧米7か国にみる高齢者保健福祉の新機軸』（Home care for the elderly — an international perspective, 1992）がある。これは高齢者の在宅ケアに関する国際比較調査研究で，各国ともそれぞれ異なった歴史的背景をもっているにもかかわらず，人口高齢化との関連で，基本的には在宅医療と在宅福祉サービスの連携や統合にかかわる内容等が報告されている。

　このたび，われわれがとりあげた在宅ケア論は，上記論点との関連でいえば，いうまでもなく広義—在宅福祉サービスと在宅の保健医療サービスを含む—のそれを意味する。そこで次節では，高齢者問題の対策として在宅ケア論がどのような道筋で展開してきたかを考察しよう。

2）在宅ケアの成り立ち

　在宅ケア論が登場してくる背景には，①人口構造の変化—出生率・死亡率の低下，若年人口の減少，老年人口の増大，虚弱ないし要援護高齢者の増加，②社会構造の変化—地域社会の解体化，③家族構成の変化—核家族化の進展，女性の社会的進出，家庭の介護力の低下，④疾病構造の変化—感染症（伝染病）の割合の低下，生活習慣病（いわゆる成人病）の割合の増加，そして慢性疾患の

高齢者の増加等がある。このような構造上の変化が高齢者問題を生み，その対応策として高齢者対策が展開されてきた。在宅ケア論はこのプロセスに現れた対策の一つである。

　さて，在宅ケアが成り立つには，基本的に社会福祉の分野において在宅福祉サービスの内容がかなり整備され，あわせて保健医療の分野においても在宅医療が進展しなければならない。このような観点からすれば，在宅ケアの出発点はオイルショック以降の福祉見直しの時期にはじまり，福祉の制度改革，いわゆる福祉関係八法改正の時期に在宅ケア成立の条件が整ったように思う。そこで，以下に社会福祉の分野と保健医療の分野についてその政策の展開の経緯を，在宅ケアを念頭において若干の説明を加えたい。

(1)　社会福祉と在宅ケア

　周知のように，オイルショック以降，国の政策は高度経済成長策から低経済成長策へ転換せざるを得なくなり，そのためこの時期には，第二次臨時行政調査会の設置（1981年3月～1983年3月）とその提言―財政主導に基づく行政改革―にみられるように，国の財政負担軽減が最大の関心事であった。そして社会福祉の見直しの論議は，この財政問題と関連して提唱されたものである。社会福祉の施策体系は，福祉見直し論を契機に，施設福祉からその施策の重点を在宅福祉へ転換していくことになった。たとえば，社会保障長期計画懇談会の「今後の社会保障のあり方について」（1975年8月）のなかには，これまではどちらかといえば，施設による保護に傾きがちであったが，これからは在宅福祉の対策を拡充し，施設関係施策はむしろ在宅福祉の一環として位置づけること，そして費用負担のルールを確立し，負担能力と受益の程度に応じた費用徴収の適正化を図ること，などが提言されている。

　要するに，従来，在宅福祉対策は施設福祉対策を補完するものとして取り扱われていたが，ここではその施策のあり方が反対になったのである。これは一つには，在宅福祉対策の立ち後れの事実にもよるが，金のかかる施設福祉より在宅福祉を優先する方が国の財政節約にとっても有効とみたからであろう。なお，上記のなかで費用負担の件があったが，これは社会福祉の援助対象がこれ

からは特定の低所得者のみに限定されるのでなく，広くニーズのある人たちへ拡大されるべきことへのメッセージであったと思う。この考え方は昭和50年代後半に具体化してくる。たとえば，1982（昭和57）年10月から，老人家庭へのホームヘルパー派遣が，従来からの低所得者に対する無料サービスのほかに，所得税課税世帯へ有料で開始されることになった。

　ところで，第二次臨時行政調査会による財政主導に基づく行政改革は，昭和60年代に入り，国の補助金削減問題や国と地方の事務分担の見直し，いわゆる地方分権の問題へ発展していった。そしてこの問題は社会福祉の分野でも例外とされず，改めて制度の全面的見直しを迫られることになった。こうして消費税導入との関連で「高齢者保健福祉推進十か年戦略（ゴールドプラン）」（1989（平成元）年12月）が策定され，次いで「老人福祉法等の一部を改正する法律」いわゆる福祉関係八法の改正（1990（平成2）年6月）へ発展した。この結果，老人福祉における在宅福祉サービスにかかわる事業が著しく拡充し，施設福祉対策とバランスがとれるようになった。そして基礎自治体である市町村は，老人福祉における施設サービスと在宅サービスを一元的にかつ総合的に提供できる体制が確立し，また，老人保健福祉計画の策定と実施も市町村の責任になった。

　以上のように，福祉見直しの当初は，施設福祉との対比においてのみ在宅福祉をとらえていたが，後には福祉の制度改革との関連から在宅福祉がとらえられている。そして在宅福祉を拡充する思想的根拠になったのは，当時一般に普及してきたノーマライゼーションの理念が大きな力となっていたように思う。それゆえ，在宅福祉は施設福祉とともに社会福祉制度の重要な要件を構成しているとともに，この制度改革は高齢化社会への総合的対策に向けた第一歩となるが，同時に在宅ケア成立の要件となったのである。

　次に，在宅ケア成立のもう一つの柱である保健医療の分野についてみておこう。

(2) 保健医療と在宅ケア

　近年，われわれは病院の構内やその周辺で在宅介護支援センターと並んで訪

問看護ステーションの看板をよくみかけるようになった。これは老人保健法に基づく訪問看護サービスの拠点である。老人保健法は老人の保健医療対策として1983（昭和58）年2月から施行されている。

　さて，ここでは保健医療にかかわる在宅医療サービスについて主に老人保健法の動向とかかわらせて一瞥しておきたい。老人保健法が制定されるまでは，老人の保健医療対策は，老人が加入している医療保険法各法による保険制度と老人福祉法（1963（昭和38）年7月）に基づく老人健康診査制度および1973（同48）年1月から開始された老人医療費支給制度（医療保険の実費分を公費で負担する），いわゆる医療費無料制度等が主なるものであった。ところが人口高齢化の進展と低経済成長のもとに，医療費無料制度の見直しがはじまり，やがて総合的な保健医療対策の整備が必要となり，老人保健法へ発展したのである。

　老人保健法の詳しい内容は省くが，ここでは基本的な枠組みについてのみ触れておきたい。この法に基づく保健事業には，医療を除いた保健事業と医療にかかわる保健事業（給付内容）がある。

　前者には，従来からあった健康診査を中心に健康相談，機能訓練，訪問指導などがある。対象者は40歳以上の者で，実施主体は市町村である。費用は，国・都道府県・市町村で3分の1ずつ負担している。

　後者では，対象者は70歳以上の者および65歳以上70歳未満の寝たきり老人などであり，受診の際には患者負担がある。実施主体は市町村で，老人医療費の費用負担は，国・都道府県・市町村による公費と医療保険の各保険者および患者負担からなっている。なお，診療報酬については社会保険診療報酬のほかに老人診療報酬があって，近年その適用が拡大されている。

　以上が老人保健法の枠組みであるが，この制度は時代の経過とともにその内容が改定されながら拡充されてきた。医療にかかわる自己負担割合や公費負担の割合，あるいは老人診療報酬などは政治との関係もあって常に見直しの対象となってきた。老人保健法は，1986（昭和61）年12月の改正の折に，治療が終わり在宅復帰に向けたリハビリテーション等を行う高齢者の中間施設としての老人保健施設を創設している。また，いわゆる訪問看護制度—訪問看護療養費支給制度は，1991（平成3）年の法改正により，1992年1月から実施されてい

る。なお，この制度は介護保険法成立後は，介護保険制度に組み込まれた。それゆえ介護保険を利用しない老人医療受給者には，老人保健法に基づく訪問看護制度がある。このように老人保健法は，この時期までに保健医療対策としての内容を拡充してきた。

ところで，この時期に注目したい行政上の動向がある。一つは1987（昭和62）年6月に厚生省（現，厚生労働省）通知に基づく市町村における「高齢者サービス調整チーム」の設置である。これは市町村を単位として保健・医療・福祉にかかわる各種のサービスを総合的に調整推進することが目的とされている。もう一つは1988年7月に厚生省保健医療局老人福祉部と社会局老人福祉課が統合され，老人保健福祉部となり，厚生省大臣官房内に設置されたことである。これは，国が保健対策と福祉対策を総合的に進めていくための合併といわれる。

そして，この時期には高齢者対策において在宅医療と在宅福祉について，あるいは保健・医療・福祉サービスの連携と統合の必要性を強調する政府関係機関等による報告書が多く目につくようになった。1986（昭和61）年4月厚生省の「高齢者対策企画推進本部報告」および1987（同62）年6月「厚生省国民医療費総合対策本部中間報告」ならびに1989（平成元）年12月，介護対策検討会による「報告」などはそれである。ここでは「介護対策検討会報告」のなかから内容を紹介しよう。

介護対策については福祉分野を中心に充実が図られてきたが，保健医療の分野についても近年，その拡充が図られてきており，施策のメニューはほぼ出そろっている。ただし，これまでは福祉の分野と保健医療の分野のサービスは別個に展開されていたが，「要介護者の立場に立てば，その生活全般をいかに支えるかが肝要であり，福祉分野の介護サービスだけでなく，保健医療分野も視野に入れて相互の連携によるサービスの統合化を図るべきである[13]」とし，「医療の分野においては，患者が医療を受けながら在宅で生活していくことができるために，在宅医療の推進が必要である[14]」としている。

以上のように，要援護高齢者の介護対策のメニューはほぼ出そろってきたが，今後は福祉分野と保健医療分野のサービスの連携と統合化および在宅医療の推進等が強調されている。

このように，この時期には福祉と保健医療の分野を視野においた総合的な高齢者対策を模索していたことを示している。同時に，この事実は保健医療の分野においても，在宅ケアの条件が整ってきたことを示している。そして，これ以降の国の高齢者対策は，端的にいえば，介護問題に集約されて最終的には介護保険制度を創設することになった。

3）在宅ケアの枠組み
(1) 介護保険制度の経緯と基本的視点

はじめに，介護保険制度成立に至る大まかな経緯とそこで提案されている基本的視点について，その要点をとりあげておきたい。

介護問題について，その包括的な対策の骨組みを提示した最初のものは，1994（平成6）年3月「21世紀福祉ビジョン―少子・高齢社会に向けて（高齢社会福祉ビジョン懇談会）」においてであろう。「21世紀に向けた介護システムの構築」の見出しのもとに，その趣旨を明らかにしている。新・ゴールドプランの策定とあわせて誰もが必要なサービスを手に入れるシステムを構築する必要があるとして，その基本的視点を次のように示している。

① 医療・福祉のサービスを総合的に提供できるシステム
② 本人が自立のために選択できる利用型のシステム
③ 多様なサービス提供機関の健全な競争により，質の高いサービスが提供されるシステム
④ 高齢者の介護費用を国民全体で公平に負担するシステム
⑤ 施設・在宅を通じて費用負担の公平化が図られるシステム[15]

等がそれである。

次に，1994（平成6）年9月『社会保障将来像委員会第二次報告』（社会保障制度審議会，社会保障将来像委員会）では，「21世紀に向けての社会保障各制度の見直し」のなかで，保健・医療・福祉サービスの総合的提供の必要性はもちろんのこと，ここでは財源を主として保険料に依存する公的介護保険制度の導入と併せて措置制度の見直しが提起されている。たとえば「介護保険が，現在措置費で運営されている福祉施設，在宅福祉などにおける介護の費用の部分を負

担するようになれば，現在生じている各施設の利用者間の負担の不均衡が是正されるばかりか，各サービス間の連携も強められる(16)」と提起されている。

このように，ここでは介護保険制度の導入と福祉の措置制度の廃止の方向が示唆されている。また，1994（平成6）年12月には，高齢者介護・自立支援システム研究会によって「新たな高齢者介護システムの構築を目指して」の報告がなされ，高齢者の自立支援を基本理念とした社会保険方式に基づくシステムの創設が提言されている。そして1995（同7）年7月には，社会保障制度審議会により公的介護保険制度の創設が勧告され，いよいよその具体的作業がはじまることになった。なお，同年同月，老人保健福祉審議会も「新たな高齢者介護システムの確立について（中間報告）」を報告し，高齢者介護の基本理念と新システム実現のための基本的考え方を示している。前者については，自立支援ということであろう。後者については，次の3点を基本的考え方(17)としている。

① 高齢者介護に対する社会的支援体制の整備（在宅介護の重視，介護サービスの基盤整備）

② 利用者本位のサービス体系の確立（総合的・一体的なサービス，高齢者自身による選択，介護支援体制の確立）

③ 社会連帯による介護費用の確保，そして介護費用との関連では，適切な公費負担を組み入れた社会保険方式によるシステムを考慮すること

が提言されている。

現行の介護保険制度は，これらの議論を前提に具体的・技術的に形成されたものであろう。1996（平成8）年6月に，介護保険制度案大綱の老人保健福祉審議会等への諮問と答申を経て，最終的には国会への法案提出により1997（平成9）年12月に成立した。

以上のように，公的介護保険制度の創設にあたっては，高齢者介護について長い間政府関係機関・団体で議論を重ねてきたが，その基本的視点としては，1995（平成7）年7月の老人保健福祉審議会で提示された3点の基本的考え方に集約されよう。しかし，もう少し別のいい方をすれば，一つは公費を財源とする福祉の措置制度の代わりに，社会連帯に基づく社会保険方式へ転換し，高齢者介護の国の費用負担あるいは財源問題に活路を見出したこと。もう一つは，

福祉と保健医療に分かれて別々に介護サービスが提供されていたものを，利用する側において両分野のサービスを一元的・総合的に受けられる体制をつくったことであろう。そして，サービスの選択は高齢者自身の自己責任となっている。保険制度のメリットとデメリット，あるいは利用者の自己責任に見合ったサービス提供側の仕組み―いつでも，どこでもサービスの情報が手に入るシステム―等は，今後点検を要する課題である。

(2) 在宅ケアの基本的枠組み

さて，われわれの在宅ケア論は，このように形成されてきた高齢者問題対策，正確には介護保険制度を主な対象として，在宅ケアの視点からその施策の動向を検討し，地域で暮らす高齢者の生活支援のあり方を示すことにある。そこで在宅ケアを推進するにあたって必要な基本的枠組みとして，次の3点をあげておきたい。

① 在宅福祉サービスと在宅保健医療サービスの連携と統合に注目すること。
② ①を補完するものとして施設ケアおよび地域ケアを視野におくこと。
③ サービス供給主体に注目すること。

サービス供給主体には，次の4部門がある。
○ 公的部門 (Public Sector)：国，都道府県，市町村，広域連合体等。
○ 民間非営利部門 (Voluntary Sector)：社会福祉協議会，福祉公社，医療機関（病院・診療所），特定非営利活動団体 (NPO)，生活協同組合，農業協同組合等，その他。
  法人で示せば，社会福祉法人，医療法人，民法法人（社団，財団），特定非営利活動法人 (NPO法人)，中間法人（生活協同組合，農業協同組合）等，その他。
○ 民間営利部門 (Private Sector)：企業等
○ インフォーマル部門 (Informal Sector)：家族，親族，近隣の互助団体，ボランティア等

以下，若干の説明を加えたい。はじめに，第1の柱について簡単にみておこう。

表1　在宅サービスの内容

	在宅サービス
要介護者	・訪問介護（ホームヘルプサービス） ・訪問入浴 ・訪問看護 ・訪問リハビリテーション ・日帰りリハビリテーション（デイケア） ・居宅療養管理指導（医師・歯科医師による訪問診療など） ・日帰り介護（デイサービス） ・短期入所生活介護（ショートステイ） ・短期入所療養介護（ショートステイ） ・痴呆対応型共同生活介護（痴呆性老人のグループホーム） ・特定施設入所者生活介護（有料老人ホーム・ケアハウスにおける介護） ・福祉用具の貸与・購入費の支給 ・住宅改修費の支給（手すり，段差の解消など）
要支援者	・同上（痴呆対応型共同生活介護を除く。）

出所：『介護保険の手引　平成12年版』ぎょうせい，51-52頁。

①在宅福祉サービスと在宅保健医療サービスの連携と統合

　介護保険制度が創設されるまでは，周知のように老人福祉法に基づく在宅福祉サービスと老人保健法に基づく保健事業が個々別々にサービスを提供していた。介護保険制度では，これを社会保険方式に基づいて両分野を同一の土俵にあげたのである。たとえば，介護保険における要支援および要介護の高齢者の「保険給付」の内容のうち「在宅サービス」の項目をみると，表1に示すように，両分野のサービスが配置されている。このように，福祉の分野と保健医療の分野が在宅サービスの枠内に統合されている。なお，介護保険制度では，有料老人ホーム，ケアハウスにおける居室内のケアも在宅サービスとして保険給付の取扱いの対象となっている。

　介護保険の詳しい内容は省くが，ここでは若干の側面についてふれておきたい。今，介護保険による保険給付としての在宅サービスの内容（メニュー）をみたが，その種類はかなり多いように思われる。しかし，高齢者にとって在宅サービスのメニューはこれで十分というわけではない。たとえば，多くの市町村で実施してきた給食サービスは保険給付からはずれている。これは一つの例であるが，ほかにもいくつかの事柄があろう。また，制度上は保険給付の内容

が決められていても地域によってはその整備が進まず、サービスを受けられない事例もあろう。"保険あってサービスなし"はすでに以前から懸念されていた点であるが、実情はどうであろうか。

表2　施設ケアの保険給付メニュー

	施設サービス
要介護者	・介護老人福祉施設（特別養護老人ホーム） ・介護老人保健施設（老人保健施設） ・介護療養型医療施設 　・療養病床 　・老人性痴呆疾患療養病棟 　・介護力強化病院（施行後3年間に限る。）

出所：表1に同じ。

　新聞報道によれば、自宅での訪問リハビリを受け持つ理学療法士や作業療法士の不足は深刻とのことである。また、わかりやすい例としては、ホームヘルパーについて、量的にも不足しているが、とりわけ質の問題がさまざまに問われている。

　介護保険は医療保険と異なって必要なサービスがすべて利用できるわけではない。保険によるサービスには一定の限度がある。それは要介護度ごとにサービスの受けられる限度額が決められているからである。しかもこの支給限度額によるサービスの水準はどれだけの層のニーズに応えられているか等々。これらは在宅ケアの枠組みとして第1にあげた福祉・保健医療の在宅サービスにかかわる分野の検討すべき事例であろう。

②在宅ケアを補完する施設ケアと地域ケア

　次に、在宅ケアの枠組みとして第2の柱についてふれておく。ここでは施設ケアおよび地域ケアを在宅ケア補完の要件として位置づけている。

　一般的に、たとえ高齢になりひとり暮らしをしていても、高齢者は在宅で自立した生活を送ることを願っていると思われるし、そのために在宅ケアがその支援の役割を担っている。しかし、その生活が難しくなり、在宅ケアによる生活の継続に不安をもつ高齢者のために、その受け皿として施設ケア—福祉・保健医療にかかわる施設が用意されることは必要不可欠なことである。

　介護保険制度では、施設ケアの保険給付のメニューを「施設サービス」として表2のように示している。これらの施設は老人福祉法、老人保健法および医療法に基づく施設であるが、いずれも介護保険適用の施設となり、福祉と保健

医療の両分野のサービスを受けられる。なお，介護力強化病院は経過的施設で，3年後も継続していくためには，療養病床に転換できる要件を整備しなければならない。

このように介護保険適用の施設が決められているが，地域によっては施設の整備状況は必ずしも十分というわけではない。とりわけ都市部における特別養護老人ホームには入所待機者が多く，また，介護保険適用となる療養病床の申請も遅れているとの新聞報道もある[19]。この後者については，その根源に病院経営との関係がある。端的にいえば，従来，病院が適用してきた医療保険と新たに導入になった介護保険の適用による損得勘定が存在するからであろう。いずれにせよ，施設ケアの分野にもさまざまな問題点が存在している。

次に，地域ケアについてみてみよう。地域ケアという用語には，特に定義はないが，近年，高齢者の介護問題等に関する国の関係機関・団体等の報告書にしばしば使用されている。

たとえば，1987（昭和62）年6月の「厚生省国民医療費総合対策本部中間報告」や1994（平成6）年12月の高齢者介護・自立支援システム研究会による「新たな高齢者介護システムの構築を目指して」のなかにみることができる。前者では「地域ケアのシステム化—地域ケア体制の確立」，後者では「地域ケア体制の整備」といった表現がそれである。その内容については，端的にいえば，在宅ケアと施設ケアを連続性の観点からとらえ，福祉・保健医療にかかわる関係者が有機的に連携して，地域全体で要介護者とその家族を支援していく体制をつくること，といった趣旨になろう。たとえば，退院した要介護者が継続して訪問看護や訪問指導を受けられるよう施設サービスと在宅サービスの連携のとれた体制はその例であろう。いうまでもなく，在宅ケアにとってこのような体制が整備されることは欠かせない要件である。

③在宅ケアを担うサービス供給主体

最後に第3の柱であるサービス供給主体について少しく考えてみよう。

従来，高齢者に対する福祉サービスの提供は，基本的には国，地方公共団体及び社会福祉法人による制度体制のもとに実施されてきた。しかし，福祉関係八法改正後は，住民のニーズの多様化とも関連して，福祉公社，生活協同組合，

表3　介護保険におけるサービス提供事業者

	関係法と指定等	主な運営主体
○指定居宅サービス事業者	○介護保険法に基づく都道府県知事の指定	○社会福祉法人 ○医療法人 ○営利法人(株式会社等) ○地方公共団体　　等
○指定居宅介護支援事業者 （ケアマネジメント機関）	○介護保険法に基づく都道府県知事の指定	○上欄に同じ
○介護保険施設		
●指定介護老人福祉施設（特別養護老人ホーム）	○老人福祉法に基づく都道府県知事の認可 ↓ ○介護保険法に基づく都道府県知事の指定	○社会福祉法人 ○地方公共団体
●介護老人保健施設（老人保健施設）	○介護保険法に基づく都道府県知事の許可	○医療法人 ○社会福祉法人 ○地方公共団体　　等
●指定介護療養型医療施設（療養病床等）	○医療法に基づく都道府県知事の許可 ↓ ○介護保険法に基づく都道府県知事の指定	○医療法人 ○個人（医師等） ○地方公共団体　　等

出所：表1に同じ，133頁。

　農業協同組合等の民間非営利団体をはじめ，民間営利団体（企業等）も福祉分野へ参入してきた。そして介護保険制度においては，福祉サービスとあわせて保健医療のサービスを提供することになり，この事業への参入は基本的には都道府県知事の指定を受けるものの，地方公共団体，社会福祉法人，医療法人，営利法人等，公・私にわたる多くのサービス供給主体が参入できることになった。ちなみに，介護保険制度のサービス提供事業者は，表3で示すように，指定居宅サービス事業者，指定居宅介護支援事業者，及び介護保険施設の3種類から成っている。これらのうち，指定居宅サービス事業の分野は，介護保険制度創設以前からすでにこの事業に参加していた事業者が多く，最も参入しやすい部門になっている。指定居宅介護支援事業者は，利用者のケアプラン等ケアマネジメント事業にかかわるもので介護保険制度推進の要として重要な部門を担っている。

　このように介護保険制度に基づく事業は，福祉・保健医療の分野にわたる多様な公・私の団体から構成されている。ただ，都市部と農村部，あるいは中山

間部の過疎の市町村では，サービス供給主体の量も種類も異なるであろう。一般的には，都市部に病院，診療所等の医療機関の団体の参加が多くみられる。これらサービス供給主体を分類したものが，本節の冒頭に示した四つの部門（公的部門，民間非営利部門，民間営利部門，インフォーマル部門）である。

≪在宅ケアにおける市町村の役割≫

　さて，これらサービス供給主体のうち，特に注目したいのは，基礎自治体としての市町村であろう。市町村は，老人福祉法においては，施設サービスと在宅サービスを一元的に提供する体制と，あわせて老人保健福祉計画の策定と実施について責任をもっている。また，介護保険制度では，保険者として実施運営の責任者となっている。なお，介護保険制度との関係では，市町村は「介護保険事業に係る保険給付の円滑な実施を確保するための基本的な指針」(1999（平成11）年5月厚生省告示第129号) に基づいて「介護保険事業計画」の作成が義務づけられている。そしてこの計画の作成にあたっては「老人保健福祉計画」のこれまでの評価を活用して行うことが強調されている。それゆえ，市町村は高齢者問題対策については，介護保険制度を中核に取り組み，さらにこの制度の適用からはずれた多数の高齢者に対する福祉対策，いわゆる生活支援対策（配食サービス，外出の付き添い，緊急通報，寝具の乾燥，訪問理美容サービス等々）を含めて，その対応が期待される存在である。

　近年，地方分権の進展により，市町村独自の施策が展開しやすくなってきたが，これを実りあるものにするには地域住民の参加と協力が必須の要件である。これらの対応についても高齢者問題対策との関係において注目したいところである。

≪社会福祉協議会等≫

　ここでは第2部門のうち若干の団体についてふれておきたい。サービス供給主体の第1部門としての市町村と密接にかかわりのある団体に，社会福祉協議会や福祉公社がある。これらは社会福祉法人や財団法人等の法人格をもって独自の福祉活動を実施しているが，財政上，人事上の側面において市町村とのつながりが強く，また，行政からのさまざまな委託事業を引き受けている場合が多かった。たとえば，在宅介護支援センター，ホームヘルプサービス事業ある

いはデイサービス事業等の運営などはその例である。介護保険法成立後は，それぞれ指定居宅サービス事業者として，あるいは指定居宅介護支援事業者として活動している。ただ，福祉公社については介護保険法成立との関連で社会福祉協議会等に合併再編されたものがみられる。なお，それら団体は今日，介護保険におけるサービス供給活動と併せてさまざまな福祉活動に広くかかわっているので，市町村の福祉行政にとって有力なパートナーとなっている。

　このほか特に注目したいのは，医療関係団体（医療法人）と特定非営利活動団体（NPO法人）がある。前者は表3にみられるように，介護保険における在宅サービス提供事業者としてだけでなく，施設サービス提供事業者として活動の分野が開かれている。この団体の活動は介護保険制度を支えている有力な柱となっている。後者については，1998（平成10）年3月に「特定非営利活動促進法」の成立に基づいて活動している団体で，介護保険における在宅サービス提供事業者として参入している。団体成立の歴史が浅いので，事業者数もまだ少ないが，これからの活動が期待できる団体である。

≪民間企業（営利法人）≫

　民間企業が社会福祉の領域に関心を向けるようになったのは，主にオイルショック後の経済低成長期に民間活力の導入とその活用を強調した国の政策動向—たとえば第二次臨時行政調査会（1981～83年）の答申にみられる論調—以降であろう。いわゆるシルバーサービスという商品の開発は，これ以降，国の健全育成と相俟って急速に発展してきた。そして福祉関係八法改正（1990年）後は，シルバーサービスのうち在宅サービスの分野では，巡回入浴車による訪問入浴サービスや移送サービス等各種のサービスが市町村の委託事業として参入するようになった。

　介護保険制度下では，民間企業も主に在宅サービスの分野に限られてはいるが，（表3参照，但し居宅療養管理指導については薬局による場合）指定居宅サービス事業者として，あるいは指定居宅介護事業者として参入できることになった。その意味では介護保険制度を支える重要な柱となっている。しかし課題も多くある。利潤追求を目的とする企業である限り，あまり利潤につながらないと思われる分野や地域には進出しないだろうし，またサービスの質ともかかわって

第4章　高齢者問題と在宅福祉

こよう。これらの実態については検証を要する課題である。

≪インフォーマルケアの担い手としての家族≫

　最後のインフォーマル部門については，わが国では依然として家族，親族の役割が大きいと思われるので，一言この点についてふれておきたい。

　本来，要介護者は家族によって守られてきたが，その世話だけでは日常生活が難しくなり，専門的なサービスを求めるようになってきた。しかし，要介護者と生活をともにするのは家族であり，たとえひとり暮らしの場合でも，離れて住んでいる子や親族―兄弟姉妹とその関係者の援助が多い。その内容は日常生活上の身辺援助，相談，情報提供等さまざまである。しかし特にひとり暮らしの場合に世話をする親族は，近隣の人たちや専門のサービス提供者あるいはボランティアの人たちとよい人間関係をつくっておくことが，在宅ケアサービスに欠かせない条件であろう。

　以上，4部門のサービス供給主体についてみてきたが，サービス利用者はこれら公・私にわたるサービス供給主体の実際を知って，それをニーズに組み合わせて活用することが求められる。その意味でも，市町村は，サービス供給主体の情報をできるだけ多くの地域住民の目に止まる方法で公開することが望まれる。

（2000年9月記）

注

(1) THE JAPAN TIMES 2000年4月1日付。
(2) 岡本裕三『医療と福祉の新時代』日本評論社，1999年，157頁。
(3) 川喜多愛郎『医学概論』真興交易医書出版部，1994年，277頁。
(4) 新村出編『広辞苑第5版』岩波書店，1998年。
(5) 全国社会福祉協議会編『在宅福祉サービスの戦略』全国社会福祉協議会，1985年，51頁。
(6) 仲村優一他編『現代社会福祉事典』全国社会福祉協議会，1988年，192頁。
(7) 京極高宣監『現代福祉学レキシコン』雄山閣出版，1993年，206頁。
(8) 『月刊福祉　社会福祉関係施策資料集　9集』全国社会福祉協議会，1989年，84-114頁。
(9) 佐藤進「はじめに」『高齢社会と在宅ケア　ジュリスト増刊』有斐閣，1993年，2頁。
(10) 山崎摩耶「在宅ケアをめぐる家族ケアと社会的ケア」同前，49頁。

(11) 本田典子「在宅ケアの組織問題」同前，54頁。
(12) アブラハム・モンク／キャロル・コックス，村川浩一・翠川純子訳『在宅ケアの国際比較―欧米7か国にみる高齢者保健福祉の新機軸』中央法規出版，1995年。
(13) 『月刊福祉　社会福祉関係施策資料集　9集』全国社会福祉協議会，1989年，251頁。
(14) 同前。
(15) 『月刊福祉　社会福祉関係施策資料集　13集』全国社会福祉協議会，1994年，37頁。
(16) 同前，11頁。
(17) 『月刊福祉　社会福祉関係施策資料集　14集』全国社会福祉協議会，1995年，62-63頁。
(18) 朝日新聞，2000年4月25日付。
(19) 朝日新聞，2000年1月30日付。

3　老人医療費問題と在宅福祉
――長野県泰阜村の事例――

はじめに

　1999（平成11）年度の厚生労働省保険局調査課による「国民健康保険医療費マップ（平成13年10月15日）」にはじめて老人医療費マップがとりあげられた。その趣旨は，伸びの高い老人医療費の適正化の必要からだという。そして老人医療費について「平成11年度の老人一人当たり医療費の実績値」（全国平均83万2千円）を都道府県別にみた場合，高い都道府県として福岡県（107万8千円），北海道（106万6千円）等，低い都道府県は長野県（64万3千円），山形県（66万6千円）等があげられている。また，「都道府県別一人当たり老人医療費の診療種別内訳」をみると，「入院」による一人当たり医療費が最も高い都道府県は北海道で，全国平均が38万5千円であるのに，北海道は59万4千円となっている。他方，「入院」による医療費の最も低い都道府県は長野県で27万円となっている。「入院外」の医療費については，北海道は全国都道府県のうち第10位にあるが，長野県は47位と最下位になっている。
　他方，長野県は平均寿命はトップクラスで，いわゆる長寿県として知られている。ちなみに2000（平成12）年の都道府県別生命表によれば，男性の全国平均寿命は77.71であるのに，長野県のそれは78.90と全国第1位である。女性に

ついては，全国の平均寿命が84.62であるのに長野県は85.31で全国第3位となっている。それでは，何故，長野県は老人医療費が少なくて済むのかという素朴な疑問が湧いてくる。長野県には佐久総合病院のような「農村医学」の実践や諏訪中央病院など，いわゆる「出前診療」としての在宅医療の取り組みが伝統的に実践されていることは周知のことである。いろいろな条件が重なりあっているのだろう。

そこでこの問題を長野県の老人医療費の低い町村をとりあげて少しく考えてみようというのが本稿の出発点であった。「平成11年度実施団体（市町村）別一人当たり老人医療費」の低い市町村のうち，長野県の泰阜村を事例研究の対象としてとりあげた。全国の老人医療費の平均額は83万2千円であったが，泰阜村では46万4千円で，全国市町村のうち下から10位であった。

なお，この問題を考えるにあたり，上記厚生労働省保険局の資料に参考とすべき調査データとして「老人医療との関連が深いと考えられる指標」が提示されている。以下に基本的に重要と思われる指標をとりあげておく。

(1) 入院医療費に影響を及ぼすと考えられる要因―死亡場所に関する指標：70歳以上の者が医療機関で死亡する場合（平成11年「人口動態統計」）図1
(2) 入院外医療費に影響を及ぼすと考えられる要因―保健サービスの効果に関する指標：人口10万対保健婦（平成10年「衛生行政業務報告」）図2
(3) その他社会的要因
　① 高齢者の就業状況に関する指標：70歳以上の就業率（平成7年「国勢調査」）図3
　② 世帯の介護力に関する指標：70歳以上の者の一人暮らし割合（平成10年「国民生活基礎調査」）図4

以上，図1から図4までは，それぞれの指標間における相関関係を示した都道府県別マップである。

1）泰阜村の概況

泰阜村は長野県伊那郡（図5）の南東にあって天竜川の東側に位置している。面積64.54km^2，東西108km，南北160km，標高786.4m，居住地は天竜川河畔の

図1　医療施設で死亡する割合と老人一人当たり入院医療費

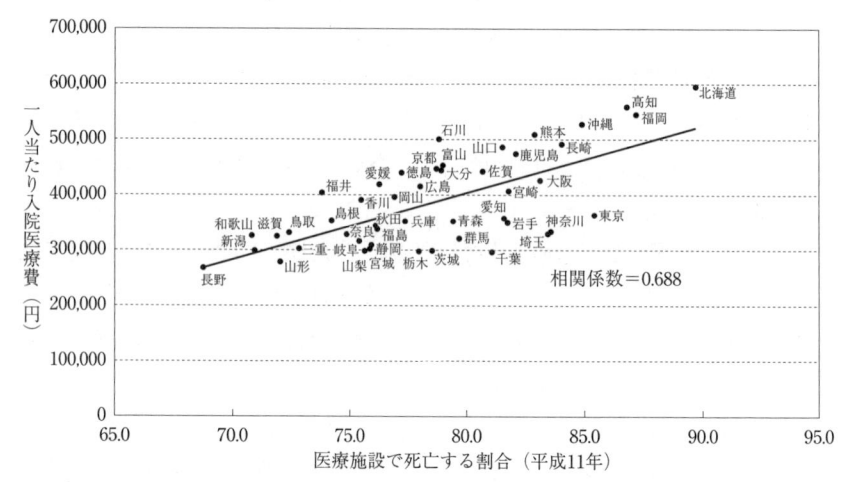

相関係数＝0.688

出所：厚生労働省保険局資料による。

図2　人口10万対保健婦数と老人一人当たり入院外医療費

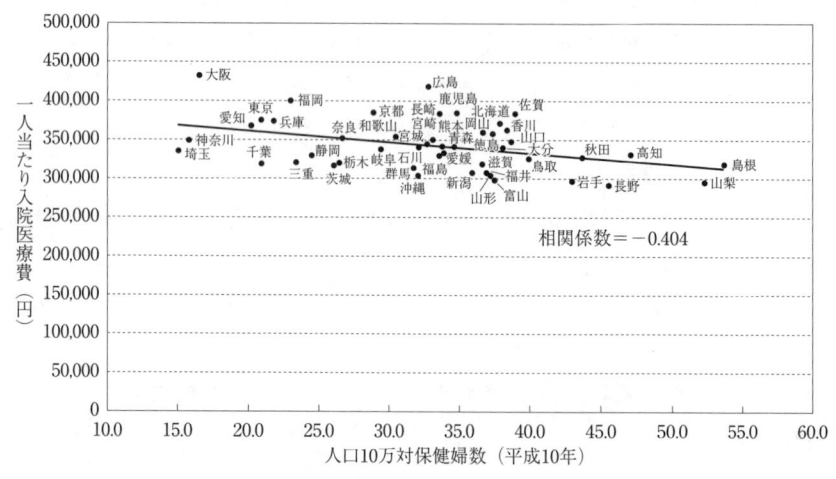

相関係数＝−0.404

出所：厚生労働省保険局資料による。

第4章 高齢者問題と在宅福祉

図3 70歳以上の者の就業率と老人一人当たり医療費

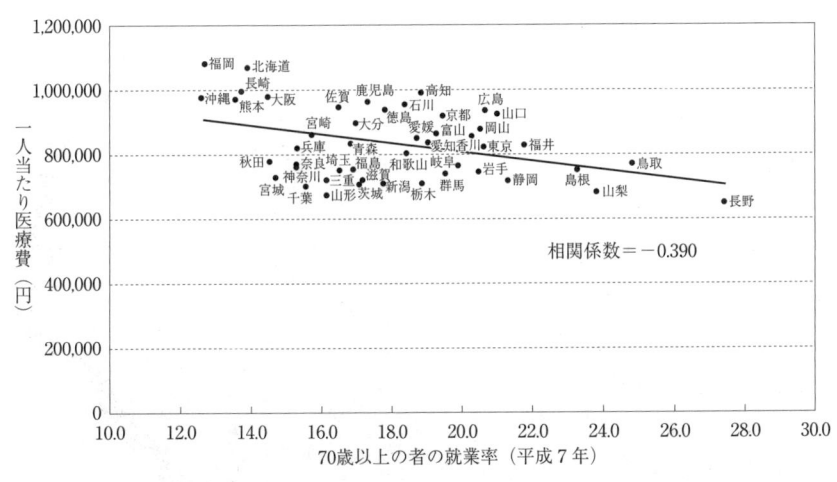

相関係数＝－0.390

出所：厚生労働省保険局資料による。

図4 70歳以上の者の一人暮らし割合と老人一人当たり医療費

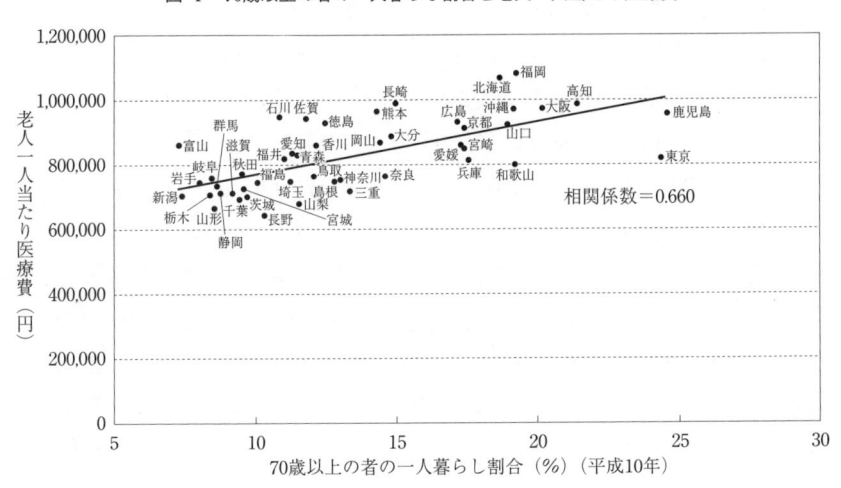

相関係数＝0.660

出所：厚生労働省保険局資料による。

標高320mから標高差450mにわたり幾重にも連なる山間地に点在する19の集落からなっている。気候は温暖で四季の変化に富み積雪は少ないといわれる。地目別面積をみると，山林87.0％，田・畑4.6％，宅地0.5％，原野等その他となっている。広大な地域の大半は山林，原野で田畑は少なく，宅地も少ない。集落を結ぶ道路が山間地を縫うように連なっている。なお，泰阜村へのアクセス（出入り）はやや不便で，鉄道はJR飯田線を利用することになるが，本村通過の列車の本数は少ない。

図5　泰阜村位置略図

さて，人口の推移を国勢調査の資料からみると，1955（昭和30）年には4,453人であったが，1975（同50）年には2,943人と激減し，その後も減少の一途をたどり，2000（平成12）年には2,237人となり過疎の村となっている。65歳以上人口は783人，高齢化率35.0％である。次に，産業（大分類）別就業者数をみると，1980（昭和55）年では第1次産業就業者数は756人（44.9％），第2次産業就業者数は492人（29.2％），第3次産業就業者数は376人（22.4％），公務59人（3.5％）であったが，2000（平成12）年には，それぞれ196人（17.8％），431人（39.0％），421人（38.1％），そして56人（5.1％）となっている。このように第1次産業就業者が激減し，第2次産業就業者も漸減し，第3次産業就業者のみがやや増加している。

第4章　高齢者問題と在宅福祉

表1　平成13年度決算報告の概要

歳入				歳出			
	区分	決算額(千円)	構成比(%)		区分	決算額(千円)	構成比(%)
1	村税	204,814	7.2	1	総務費	347,302	12.8
2	地方譲与税	33,893	1.2	2	民生費	555,777	20.5
3	地方消費税交付金	19,209	0.7	3	衛生費	342,217	12.6
4	地方交付税	1,356,772	47.6	4	労働費	1,775	0.1
5	国庫支出金	206,015	7.2	5	農林水産業費	347,262	12.8
6	県支出金	161,954	5.7	6	商工費	28,012	1.0
7	使用料手数料	73,647	2.6	7	土木費	341,782	12.6
8	諸収入	35,961	1.3	8	消防費	71,024	2.6
9	繰越金	141,538	5.0	9	教育費	188,946	7.0
10	繰入金	88,937	3.1	10	災害復旧費	12,045	0.4
11	村債	472,900	16.6	11	公債費	441,155	16.3
12	その他	54,883	1.9	12	議会費	33,919	1.3
	計	2,850,523	100.0		計	2,711,216	100.0

出所：泰阜村広報「やすおか」2002年11月20日付。

2）村の財政と保健・福祉施策

(1) 村の財政

　2002（平成14）年11月20日付広報「やすおか」に掲載されている2001（平成13）年度一般会計の決算報告をみると表1のようになっている。

　歳入で，まず目につくのは自主財源が極めて少ない点である。村税，地方譲与税，使用料手数料，諸収入等，いわゆる自主財源は大体15％ほどで，残りの85％は地方交付税交付金，国庫支出金，県支出金，それに村の借金としての村債等による依存型の財政構成になっている。

　歳出では，民生費が20.5％と最も高く，次いで公債費が16.3％で借金の償還にあてられているのが目につく。しかし，乏しい財源の中から民生費の支出割合が高いのと衛生費の12.6％を含めると広い意味で保健・福祉行政に力を入れているように思う。そこで次に，保健・福祉の動向についてみてみよう。

(2) 保健・福祉関係施設

　本村の主なる公共機関には，役場庁舎，小学校2校，中学校1校，診療所・保健福祉センター，介護予防拠点施設（泰阜村あさぎり館），特別養護老人ホーム（50床）及びショートステイ（6床）等がある。これらのうち保健・福祉関係施設として重要な役割をしているものとしては，特別養護老人ホーム（やすおか荘，1994（平成6）年4月開設）はもちろんのことであるが，とりわけ注目したいのは，診療所・保健福祉センター及び介護予防拠点施設・あさぎり館であろう。これら二つの施設は，いずれも設置主体は泰阜村で，その機能は総合的施設となっている。前者は2000（平成12）年5月開設，後者は2002（平成14）年4月開設で比較的新しい施設である。

　前者には診療所のほか，保健事業部や，老人デイサービス部門，訪問看護ステーション部門，居住部門がある。診療所には医師・内科医1名，看護婦3名，事務2名からなり，午前中は診療，午後は往診が主なる日課となっている。入院のためのベッドはないので，入院が必要な場合は飯田市や阿南町等近隣の病院をもつ市や町に依存している。診療所以外の部門は，村からの委託事業として泰阜村社会福祉協議会がその事業を引き受けている。

　後者の介護予防施設には，厨房，食堂，機能訓練室等を備えた施設で生きがいデイサービスを中核に地域ボランティア活動の拠点として誰でも利用できる施設となっている。いいかえれば，施設を利用者に貸出し，その管理は事務職員が担当している。生きがいデイサービスは社会福祉協議会への村の委託事業として，介護保険制度の適用から外れたやや元気な65歳以上の高齢者を対象にした施策で，毎週火・木・金の午前10時から午後3時まで利用されている。

(3) 社会福祉協議会の活動

　本村の保健・福祉事業，いわゆる在宅福祉支援事業の推進には社会福祉協議会（以下社協という）が重要な役割を果たしている。そこで2001（平成13）年度の社協の事業報告からその実態をみることにする。事業活動は次の(1)～(6)の項目にわたり実施されている。

　(1)　介護保険事業：①居宅介護支援事業：サービス計画（ケアプラン）の作

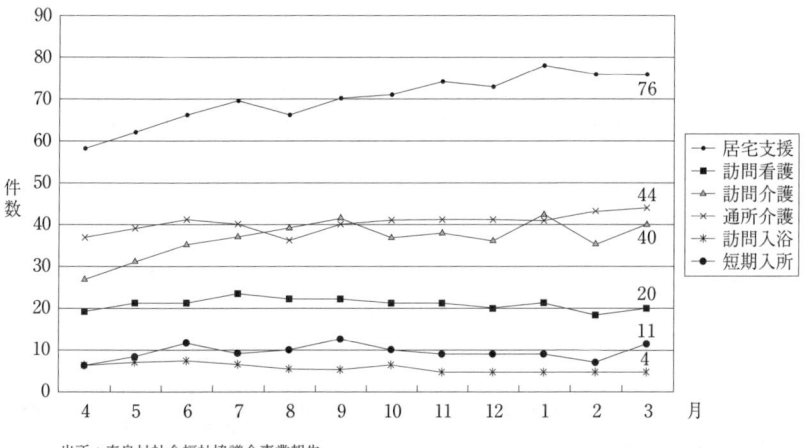

図 6 平成13年度介護保険件数推移

出所：泰阜村社会福祉協議会事業報告。

成，②訪問介護：ヘルパー派遣—家事援助，身体介護，③訪問看護：看護婦の派遣—リハビリの指導等，④通所介護：デイサービス—入浴・リハビリ・レクリエーション等，⑤訪問入浴，⑥短期入所，図 6 は2001（平成13）年度中の介護保険件数の推移を示したものである。

(2) 受託事業：①福祉バス運営，②タクシー利用券交付，③給食サービス（昼食）：一人暮らし老人，老人世帯など対象に週5日配食，独自サービスとして給食500円弁当も実施。④生きがいデイサービス，⑤軽度生活援助：ヘルパー派遣（配食），⑥外出支援サービス：医療機関等への送迎，⑦訪問理美容サービス，⑧地域グループ支援，⑨介護保険認定外の人たちを対象に生活管理指導短期宿泊及び生活管理指導員派遣，⑩介護用品支援
(3) 各種福祉団体援護
(4) ボランティア活動推進
(5) 全般的事業：福祉大会開催，介護用品貸出し，心配ごと相談他
(6) 活動車運営：村有車17台，社協所有車—入浴車1台のほか2台，福祉バス1台等。以上が活動の主なる内容である。

このように泰阜村の社協は，社会福祉法人（1992（平成4）年10月取得）として介護保険事業においては指定居宅介護支援事業者であるとともに指定居宅サ

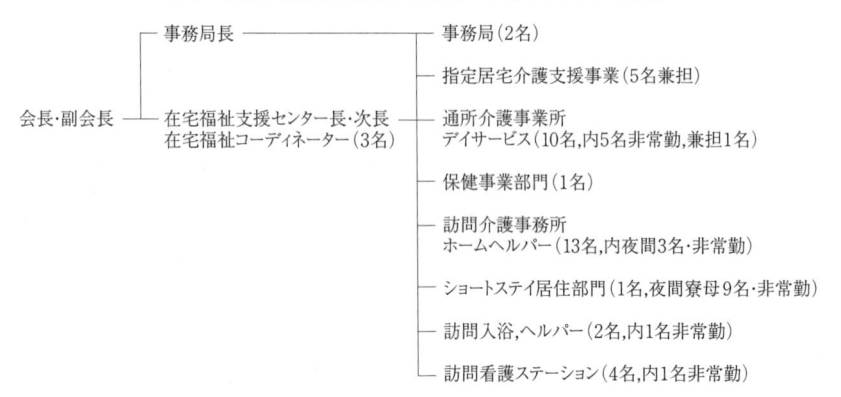

図7　社会福祉協議会組織図（略図）（平成14年4月1日現在）

```
会長・副会長 ─┬─ 事務局長 ───────────┬─ 事務局(2名)
              │                          ├─ 指定居宅介護支援事業(5名兼担)
              └─ 在宅福祉支援センター長・次長  ├─ 通所介護事業所
                 在宅福祉コーディネーター(3名) │  デイサービス(10名,内5名非常勤,兼担1名)
                                          ├─ 保健事業部門(1名)
                                          ├─ 訪問介護事務所
                                          │  ホームヘルパー(13名,内夜間3名・非常勤)
                                          ├─ ショートステイ居住部門(1名,夜間寮母9名・非常勤)
                                          ├─ 訪問入浴,ヘルパー(2名,内1名非常勤)
                                          └─ 訪問看護ステーション(4名,内1名非常勤)
```

ービス事業者として泰阜村の介護保険事業を一手に引き受けているだけでなく，介護保険事業の対象外となった住民の在宅福祉サービスについても村の委託事業として引き受けている。その上，社協独自の活動も展開している。その意味では本村の社協は，村の在宅福祉サービスの総合的かつ独占的事業体として村行政の重要な部門を担っている。ちなみに本社協の組織図（図7）をみると，会長に村長，副会長に議長と診療所長があたり，この下に事務局長と在宅福祉支援センター長・次長が配置されている。センター長には診療所長が，次長には事務局長がそれぞれ兼担している。

　このように診療所長と事務局長が在宅福祉センターのトップにあって協力してそのサービスの実現にあたっている。これによって保健・医療と福祉にかかわる総合的施策を推進する体制が成立している。なお，職種をみると，指定居宅介護支援事業の介護支援専門員を始め，看護師[(1)]，機能訓練指導員，ヘルパー，介護職員，寮母，調理員，生活指導員及び事務職員等から構成され，総数30数名に及んでいる。以上のように，民間の社会福祉法人としての社協が，正に公設の機関としての観を呈している。

3）泰阜村の在宅福祉と老人医療

　泰阜村の在宅福祉の主なる施策は，介護保険制度にかかわる事業と村の単独事業である。さきにみたように，介護保険の実施団体は社会福祉法人泰阜村社

協で，その業務の100％を独占し，かつ介護予防支援事業並びに村単独事業も法定サービスをすべて村社協に委託し，実施されている。なお，泰阜村の介護保険における第1号被保険者の保険料は2,389円で全国平均の2,911円より低く抑えられている。また，本村では村の独自施策として，介護保険の認定者が利用するサービスの自己負担分の60％を村が負担している。ちなみに，その対象となるサービスの種類は，訪問介護，訪問看護，通所介護（デイサービス），訪問入浴介護及び短期入所生活介護（ショートステイ）等である。この対策の狙いは，生活水準の低い住民にとっては，ややもすれば介護サービスの利用を抑制しようとする傾向があるが，このニーズを解放し，サービスを積極的に利用しようとするニーズへ転換させる呼び水的施策だといわれる。さらに，これらサービスのそれぞれに村独自の上乗せサービスがなされ，住民のサービス利用を促している。この結果，村社協の経営にも活力を与えることになっているといわれる。

　次に，老人医療についてみておきたい。2001（平成13）年度老人医療給付事業状況報告書に「老人医療給付状況」が表2のように掲載されている。表2の対象となった老人医療受給者数は620人で，このうち9人は65歳以上70歳未満のねたきり者数となっている。

　さて，表2でとりわけ注目したいのは，一人当たり医療費の動向である。入院，入院外及び歯科を含めた合計金額は，泰阜村が44万8,271円であるのに，長野県は50万0,989円，全国平均では66万7,249円となっている。また，現物給付分及び現金給付分を含めた合計金額では，泰阜村は48万0,008円であるのに，長野県は59万4,262円，全国平均では83万2,108円となっている。このように泰阜村の老人医療費は県や国と比べて低いレベルにあることが改めて確認された。

　それでは，泰阜村の老人医療費はなぜ低く維持されているのだろうか。いま，その手がかりとして図8から考えてみよう。

　図8は泰阜村の在宅，病院，施設の死亡率を示したもので，この図は診療所長，佐々木学氏が所属学会で「病院死，特養死そして在宅死」なる題名で発表した際の資料[2]の一部である。この図によれば，1993（平成5）年までは主に在宅死と病院死に二極化されている。これはこの時期までに泰阜村には，特別養

表2　老人医療給付状況（平成13年度）

種別		件数	日数	点数	一部負担	公費負担	一人当たり医療費		
							泰阜村	長野県	全国
現物給付分	入院	274	4,165	11,712,808	7,187,310	98,434,010	170,357	500,989	667,249
	入院外	7,656	15,055	16,271,673	11,391,100	151,510,800	262,745		
	歯科	437	1,077	942,508	759,450	8,645,150	15,169		
	調剤	886		732,079	368,020	8,169,050	13,769	60,624	62,099
	訪問看護							2,128	6,045
	食事療養	263	3,751	基準額 8,037,136	3,051,590	5,506,050	13,803	20,726	36,059
	施設療養							4,220	52,418
小計		9,516	24,048		22,757,470	272,265,060	475,843	588,687	823,870
現金給付分	療養費	208		2,274,206	219,700	2,227,947	3,947	5,575	8,238
	高額医療費	4				126,830	205		
	標準負担額差額	1				8,030	13		
合計		9,221	24,048		22,977,170	274,627,867	480,008	594,262	832,108

注：一人当たり医療費は、泰阜村（平成13年度）、長野県（平成12年度）、全国（平成11年度）の資料を元にしている。
　　泰阜村の一人当たり医療費は平成13年度末現在の受給者数で算出してある。
出所：泰阜村「平成13年度老人医療給付事業状況報告書」。

護老人ホームのような施設は設置されていなかったことによるものと思われる。本村に特別養護老人ホーム「やすおか荘」が開設されたのは1994（平成6）年4月であった。これ以降、死亡場所は在宅と病院のほかに施設も増加している。この間の事情を診療所長はさきの論稿の中で次のように述べている。「特養やすおか荘ができる前は、在宅福祉は文字通り在宅での生活と看取りを意味していた。その対極には病院に入院して薬石効なく死ぬという病院死しか事実上なかった」と。また、この表で1993（平成5）年の在宅死亡率が73％と高率になっているのは、一つには社協の法人化（1992年）がなされ、また、ホームヘルプサービス（1984年）、訪問入浴サービス（1984年）、給食サービス（1988年）、デイサービス（1991年）及び訪問看護婦派遣（1991年）等の在宅福祉サービスが発展的に形成されていた背景があったように思う。

　さて、老人医療費との関係からすれば、病院を利用してそこで死を迎える場

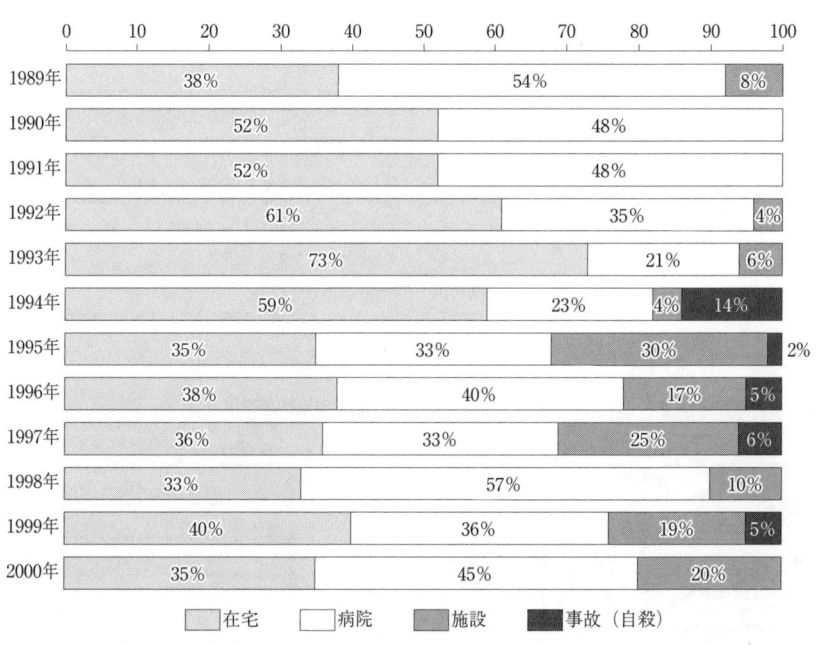

図8　泰阜村における在宅，病院，施設死亡率

年	在宅	病院	施設	事故（自殺）
1989年	38%	54%	8%	
1990年	52%	48%		
1991年	52%	48%		
1992年	61%	35%	4%	
1993年	73%	21%	6%	
1994年	59%	23%	4%	14%
1995年	35%	33%	30%	2%
1996年	38%	40%	17%	5%
1997年	36%	33%	25%	6%
1998年	33%	57%	10%	
1999年	40%	36%	19%	5%
2000年	35%	45%	20%	

出所：佐々木学「病院死，特養死そして在宅死」第6回全国国保地域医療学会『研究論文集』2002年10月。

合は，在宅や施設での利用より基本的にはその費用がかさむことはいうまでもない。それ故，在宅死と病院死から在宅死，病院死，施設死と死ぬ場所が変化してきたけれども，老人医療費との関係でいえば，病院死の多寡が重要な要件となろう。したがって，泰阜村の老人医療費が低い水準にある主要な要因の1つは，図8が示すように病院死が相対的に少ないことに求められよう。

　また，これと関連して考えられることは，診療所の診療方針も大きな要因のように思う。表3は診療所の備品一覧である。これによるとCTスキャナ，超音波画像診断装置，眼底カメラ，レントゲン装置及びレントゲンTV，骨塩量測定装置等々病院並みの医療機器で重装備している点がまず眼につく。そして診療所長によれば，これらの医療機器の活用を背景に在宅医療にしっかり軸足をおき，戦略的に出来るだけ入院を抑えた治療を志しているとのことである。本診療所は社協の充実した在宅福祉サービスとの協力のもとに在宅医療を積極

表3 診療所備品一覧

品　　名	規　格	品　　名	規　格
全身理学治療装置		内視鏡	
レントゲン装置		電気温水器	
心電計		石油給湯機	
ホルダー心電計		軽トラック（キャリー）	
自動高圧滅菌器		アルト	
低周波治療器		患者輸送車（グランビア）	
乾式臨床化学自動分析装置		往診車（パジェロ）	
自動分割分包機		ミラ	
受診者データバンク		心細動除去装置	
療養者等訪問指導コンピュータシステム		X-P自動現像処理機	
		CTスキャナ	
レーザー		レントゲンTV	
電極式電解質分析装置		現像機	
加圧治療器	コンセラン	イメージャー	
超音波画像診断装置		電動ベッド	
超音波診断装置		物置	
ワードプロセッサー		骨塩量測定装置	
自動血圧計		血液ガス分析装置	
眼底カメラ		血圧脈波検査装置	

出所：泰阜村診療所・保健福祉センター資料。

的に推進しているように思う。これらの姿勢と実践が結果的には，老人医療費を低く維持している主要な要因といえよう。

　そこで次に，これを補足する意味で，もう少し別の側面から考えてみることにする。

4）高齢者のアンケート調査

　ここにいうアンケート調査とは，あさぎり館で実施している「生きがいデイサービス」の利用者—介護保険制度の適用外で65歳以上のやや元気な高齢者—のうち，2002（平成14）年10月から11月中に参加した高齢者を社協の職員の協

力によって調査したものである。ここに登録している者は130名ほどであるが，上記期間にデイサービスを利用し，アンケート調査に回答した者は87人であった。以下は本題—老人医療費問題に関係ありそうな事柄の若干についてとりあげて考えてみることにする。

　はじめに，対象者の基本的属性をみておきたい。性別では男性は僅か4ケースのみで，75ケース，86.2％は女性である。但し，性別不明が8ケースあった。年齢階層では70歳未満が最も少なく，年齢の上昇にしたがって利用者が多い。とりわけ80歳以上が多く43.7％となっている。世帯構成では「老人ひとり」が最も多く40.2％，次いで「3世代」が24.1％，「夫婦世帯」の18.4％の順となっている。また，世帯の職業をみると，「無職」が44.8％，「つとめ人」が26.4％，「農業」が17.2％，「自営業」が9.2％となっている。世帯員数では自営業が4.9人，つとめ人が4.4人，農業では2.7人の小さな世帯構成になっている。無職の世帯員数は1.2人と小さいが，これはほとんど一人暮らしのためである。

　さて，以上を前提としてまず，世帯の職業と本人の労働関係についてみよう。表4-1がそれであるが，世帯の職業が何であれ，「ほとんど働かない」と回答した者は少なく，農業では1ケース，つとめ人では3ケース，そして無職で5ケース，合計9ケース，10.6％となっている。「毎日働いている」項目で最も割合の高いのは自営業で，次いで農業，無職，つとめ人の順となっている。つとめ人の世帯で仕事量が少ないのは，農家のような野良仕事がなかったり，世帯員数が比較的多いことによるものと推定される。

　次に，労働と年齢階層をクロスさせてみたのが表4-2である。これによると年齢75歳未満では「ほとんど働かない」と回答したケースは皆無で，年齢の上昇に伴って働かないケースは増えているが，75〜79歳層では僅か1ケースのみで，80歳以上になって8ケース，21.0％となっている。そして労働時間については，「毎日働いている」ケースの平均は1日4.6時間，「ときどき働いている」ケースでは2.9時間となっている。なお，仕事の内容は野良仕事，家事，家業の手伝い，その他となっている。

　次に，労働との関係で本人の健康について少しふれておきたい。健康状態をイ．丈夫，ロ．どちらかといえば丈夫，ハ．普通，ニ．病気がち，ホ．病弱と

表 4-1 世帯の職業別×労働（仕事）

	①毎日働く		②ときどき働く		③ほとんど働かない		(計	%)
	実数	%	実数	%	実数	%		
イ．農業	13	86.7	1	6.7	1	6.7	15	100.0
ロ．つとめ人	14	60.9	6	26.1	3	13.0	23	100.0
ハ．自営業	7	87.5	1	12.5	—	—	8	100.0
ニ．無職	25	64.1	9	23.1	5	12.8	39	100.0
計	59	69.4	17	20.0	9	10.6	85	100.0

表 4-2 年齢階層別×労働（仕事）

	①毎日働く		②ときどき働く		③ほとんど働かない		(計	%)
	実数	%	実数	%	実数	%		
イ．70歳未満	11	84.6	2	15.4	—	—	13	100.0
ロ．70〜74	10	90.9	1	9.1	—	—	11	100.0
ハ．75〜79	21	84.0	3	12.0	1	4.0	25	100.0
ニ．80歳以上	18	47.4	12	31.6	8	21.1	38	100.0
計	60	69.0	18	20.7	9	10.3	87	100.0

注：平均1日の労働時間①毎日働いている者：4.6時間，②ときどき働いている者：2.9時間

したとき，普通と回答したケースが半数の50.6％で，丈夫とどちらかといえば丈夫を合わせると78％に達し，全体的には元気な人たちが多いが，残りの2割は病気がちと病弱となっている。他方，70歳以上になってからの入院の有無をみたところ，年齢の上昇に伴って入院する割合は増加しているが，全体では50％が入院経験者である。さらに持病の有無では全体の56.3％がなんらかの持病をもっている。以上のように，本人の健康状態では病気がちとか病弱といわれる人たちの割合は少ないが，入院経験者の割合や持病をもっている割合は高い。このような高齢者が自宅でいつまでも労働についていることは，老人医療費との関連でいえば，その上昇を抑制する効果に貢献しているものと思われる。

次に，老人健診の有無についてふれておきたい。「毎年受診している」と回答した者は僅か19.6％，「ときどき健診にいく」とする者は26.4％と少なく，反対に「受診しない」が50.6％となっている。しかし「健康のために何かしているか」の問いには「やっている」と回答したのは65.5％と高い。また，「食事

について何か心がけていることがあるか」の問いには47.0％の約半数近くが何らかの気配りをしている。

　このように健康のために日常いろいろと気を付けているにもかかわらず，老人健診をうける割合が低いのは何故だろうか。この最大の要因は山間地の交通事情にあるのではないかと思われたが，もちろんこれもその一つの要件ではあるが，実際には泰阜村では，いわゆる集団健診はやめて，個人のニーズに任せているとのことであった。老人健診の受診率が低ければ，結果的に老人医療費の抑制につながることになろう。これも本村の一つの特徴かも知れない。

　最後に，受け取っている年金の動向と生活水準にかかわる問題について考えてみる。いま受取っている年金の種類をみると，国民年金が67.8％と圧倒的に多く，老齢福祉年金と合せると73.6％となっている。反対に，厚生年金や共済年金の受給者は少なく両者合せて19ケース，21.8％である。この事実はこれらの対象者は，かつて雇用者としてでなく，農業や自営業に従事していた人たちが多かったことを示している。そして基本的には国民年金や老齢福祉年金の年金水準は，厚生年金や共済年金のそれに比べて低いことは周知のことである。したがって前者の年金受給者は他の要件を加えなければ，一般的には後者の年金受給者に比べて生活水準は低いので，医療との関係でいえばできるだけ受診をひかえるなどの抑制が働くことが推測されよう。もしそうであれば，結果的に老人医療費の節約につながることが考えられよう。これも村全体の老人医療費を考える背景として一つの要件となるものと思う。

　以上は，アンケート調査から得た内容である。

5）結びにかえて

　はじめにの箇所でとりあげた厚生労働省保険局の資料のうち「老人医療との関連が深いと考えられる指標」として3点あげておいたが，いま，泰阜村の事例と関連させて考えてみよう。

　まず，入院医療費に影響を及ぼすと考えられる要因の一つとして，死亡場所に関する指標がある。すなわち「医療施設で死亡する割合と老人一人当たり入院医療費」（176頁の図1）の相関関係図によれば，長野県は医療施設で死亡す

る割合が最も低く，一人当たり入院医療費が最も低くなっている。泰阜村の事例は正にこの相関関係図に対応した形態を示しているように思う。

次に，入院外医療費に影響を及ぼすと考えられる要因の一つに保健サービスの効果に関する指標として「人口10万対保健婦数と老人一人当たり入院外医療費」（図2）の相関関係図がある。これによると長野県は保健師のその割合が全国第4位となっていて，一人当たり入院外医療費は最低となっている。しかし泰阜村では現在，保健師は一人のみで特別の活動をしている訳ではないので，この相関図とは比べようがない。

長野県で保健師との関連で保健事業に大きな成果をあげているのは須坂市であろう。ここには地域住民，主に主婦の自主的活動としての保健補導員会による保健補導員制度があって市の保健福祉行政に協力している。ちなみに2003（平成15）年度の補導員数は284名で，任期は2年，選出の基準は50〜60世帯に1名となっている。この保健活動は1945（昭和20）年4月まで遡るが，それぞれの時代の保健事業に対応してその活動が実践されてきた。[3]

第3として，その他社会的要因として，一つは高齢者の就業状況に関する指標で「70歳以上の者の就業率と老人一人当たり医療費」（図3）の相関関係図がある。もう一つは，世帯の介護力に関する指標で「70歳以上の者の一人暮らし割合と老人一人当たり医療費」（図4）の相関関係図である。前者では，長野県は就業率が最も高く，かつ一人当たり医療費は最低となっている。泰阜村の場合では，正確なデータはないが，さきのあさぎり館のアンケート調査から類推すれば，同一傾向を示しているように思う。また，後者の件については，長野県の一人暮らし老人の割合は少ない方のグループに属してはいるが，目立つほどのものでない。他方，一人当たり老人医療費は最下位となっている。この事実から直ちに介護力が高い結果だとすることは少し無理があろう。泰阜村については，この種のデータはないのではっきりしたことはいえないが，65歳以上の一世帯当たり平均人員を県と比較してみると，2000（平成12）年度国勢調査によれば，県の平均世帯人員は3.30人であるのに泰阜村では3.25人となっている。それ故，他の要件を不問にしたとき介護力においては県以下とみなすことができよう。

第 4 章　高齢者問題と在宅福祉

　以上のように，老人医療費が低く維持されている根拠は何かを求めて，厚生労働省保険局の示した四つの相関関係図をもとに長野県と泰阜村について検証してきた。その結果，一つの相関関係図のみに左右されるのでなく，それらの総合的関係が重要な要件を構成しているように思う。泰阜村については，病院死亡率の少ないことと併せて在宅医療と在宅福祉の積極的な実践がその背景にあったこととアンケート調査で明らかになった要件も補足的条件となろう。

　そこで最後に，泰阜村村長の在宅福祉への取組みについてふれておきたい。村長は「過疎の山村で在宅福祉に取組んで」(2001 (平成13) 年 9 月) という題名で，①村の概況，②高齢社会と村の福祉理念，③在宅福祉の波及効果，④介護保険の展望とこれからの介護，について B 4 判 1 枚のペーパーに見解を発表している。

　このうち注目したい点は 2 点ある。一つは「高齢社会と村の福祉理念」の中で述べている考え方である。すなわち，老いに対して医療には限界があること。誰もが老いそして死を迎えることを認めること。また，たとえ障害をもっても人間らしい老後を送り，幸せな死を迎えるお手伝いをするのが在宅医療であり福祉であること。そして北欧に学び，ノーマライゼイション，自己決定，社会参加を三原則として，介護する側でなく，介護される側の気持を尊重すること。そして行政の支援は，介護が必要になった人に十分な支援を，介護予防に力，とは考えない，と。この最後の表現は，いたずらに人工長命化を戒めたものであろう。

　もう一つは「在宅福祉の波及効果」の箇所での見解である。すなわち，「在宅死が増えるとともに医療費は下がる」として長野県と泰阜村の事例をとりあげて一人当たり医療費の低い点を指摘し，入院との関連から医療費を押し上げる原因としては，「入院日数」が多い点と，とりわけ「終末医療」にあると指摘している。

　要するに，入院を減らし在宅医療・在宅福祉を推進しようとする姿勢をよみとることができる。

　老人医療費はなぜ少なくてすむのかという当初の問いについては，以上のように，いくつかの要件が重り合ってはいるが，同時におかれた市町村ごとに主

191

要な要因が存在していることを改めて確認されたように思う。(2003年3月記)

注
(1) 看護婦や保健婦等の呼称が看護師，保健師になったのは平成14年3月からである。
(2) 第6回全国国保地域医療学会『研究論文集』2002年10月，所収
(3) 須坂市保健補導員会会則

　　　　　　　　　第一章　総則
　（名称，構成および事務所）
　第1条　この会は，須坂市保健補導員会といい，市内各町の保健補導員をもって構成する。事務所は須坂市役所内におく。
　（目　的）
　第2条　この会は，会員が市民のための健康の守り手であることを自覚し，組織活動をとおして地域住民の健康増進を図るため，実践活動に必要な知識と技術の習得に努めるとともに，会員相互の親睦をはかることを目的とする。
　（事　業）
　第3条　この会は，前条の目的を達成するため次の事業を行う。
　　　　　1．地域保健活動の推進に関すること
　　　　　2．会員の資質向上に必要な研修及び組織強化に関すること
　　　　　3．地域住民の要望にそった保健活動の実践
　　　　　4．市の保健福祉行政への協力
　　　　　5．その他，会の目的達成に必要な事業
　　　　　　　第二章　役員（略）
　　　　　　　第三章　会議（略）
　　　　　　　附則　　（略）

　　出所：「長野県須坂市役所健康福祉部健康づくり課」より。

索　引

あ　行

愛国心 …………………………… 6
一般社会学 ……………………… 76
医療法 …………………………… 168
エーデル改革 …………… 152, 153

か　行

介護福祉士（ケアワーカー） … 59, 155
介護保険事業 ……………… 180, 182
介護保険事業計画 ……………… 171
介護保険制度 163-168, 170, 172, 180, 182, 186
学生自治会 ………………… 14, 23, 58
機能集団 ………………………… 103
教育勅語 ………………………… 8
キリスト教 …………………… 11, 13
軍人勅諭 ……………………… 5, 7
皇軍 ……………………………… 7
公的介護保険 ……………… 147, 148
公的介護保険制度 ………… 82, 155, 164
高齢化社会 …………… 58, 119, 147, 156
高齢者サービス調整チーム …… 163
高齢者保健福祉推進十か年戦略（ゴールドプラン） ……………… 161
高齢者問題 ……………… 83, 158-160
国民生活時間調査 ……………… 98
個人意識 ………………………… 75
個人主義的思想 ………………… 8
コミュニティケア ………… 150, 151
コミュニティケア論 …………… 109

さ　行

在宅福祉サービスの戦略 … 123, 156, 158
作業療法士（OT） ……… 152, 156, 168

私学連 …………………………… 14
自己決定 ………………………… 191
自己決定の尊重 ………………… 154
市場原理 ………………………… 149
自治会 …………………… 125, 128
実証主義社会学 ……………… 72, 73
実証主義的社会学 ……………… 45
実証精神 ………………………… 72
実証的精神 …………………… 45, 73
実存哲学 ………………………… 11
児童問題 ………………………… 119
社会解体 ………………………… 87
社会開発論 ……………………… 109
社会活動 ………………………… 105
社会教育 …………… 30, 31, 36, 37
社会形態学 ………… 75, 76, 80, 81
社会参加
　……… 98, 101, 102, 104, 134, 135, 142, 191
社会事業 …… 26, 28-32, 34, 36, 37, 39, 87, 88
社会事業調査会 ………………… 26
社会静学 ……………………… 73, 75
社会生理学 ………… 75, 76, 81
社会の事実 ………… 74, 75, 78
社会的問題 ……………………… 139
社会動学 ……………………… 73, 75
社会福祉学 …………… 19, 41, 65
社会福祉協議会
　…………… 82, 118, 122, 123, 166, 171, 180
社会福祉士（ソーシャルワーカー）
　………………………… 22, 59, 155
社会福祉士・介護福祉士法 …… 58
社会福祉事業 ……………… 26, 41
社会福祉士制度 ………… 57, 60, 66
社会福祉士法 …………………… 49

193

社会問題	26, 32
社協基本要項	123
集合意識	74
集団主義的思想	8
住民運動	120, 130, 142
住民参加	110, 120, 130
住民自治	143
住民主体	123
住民組織	91, 102, 110, 115, 125, 128
障害（児）者問題	120
シルバーサービス	172
侵略戦争	7
生活構造	98
生活時間	98
生活保護法	41
生活問題	109, 110
正義	11, 13
正義の戦争（聖戦）	2, 7
青少年問題	87, 90, 95
青少年問題協議会	88-90, 93
全学連	14
戦陣訓	5, 7
戦中派世代	2
専門学校令	30, 36
ソーシャル・ステーション	148, 149
即物的価値志向	106
村落共同体	131

た 行

大学紛争	22, 57, 60
大学令	31, 35, 40
大東亜共栄圏思想	3, 7, 11, 13
大東亜共同宣言	3
第二次臨時行政調査会	109, 160, 161, 172
地域集団	102
地方分権	161, 171
町内会	91, 92, 102, 125, 128
町内会組織	91, 93, 95
徴兵検査	4
通俗教育	36
デカルト合理主義	13
特定非営利活動促進法	82, 172
特定非営利活動団体（NPO法人）	166, 172
徳目教育	8

な 行

内部的社会環境	80
日本型福祉社会論	109
日本社会学会	17
日本社会事業学校連盟	41, 49, 59
日本社会福祉学会	19
農村問題	14
ノーマライゼーション	154, 191
ノーマライゼーション思想	158
ノーマライゼーションの理念	161

は 行

比較的方法	76, 78, 80, 82
福祉関係八法改正	154, 160, 169, 172
福祉公社	82, 166, 171
福祉社会学	19, 81
福祉の措置制度	165
福祉バンク	122
福祉バンク制度	143, 144
福祉見直し論	109
福祉六法体制	41
部落会	91, 92, 102
平均寿命	174
平和憲法	9
保健補導員制度	190

ま 行

マスプロ教育	20, 22, 57
マルクス主義	12
民主主義的理念	8
民生費	117, 179
民族自決	8

民族主義……………………………… 9

や・ら行

唯物史観………………………………12
ユマニテの思想……………………… 9
余暇行動…………………99, 100, 104
余暇時間……………………… 98-101
理学療法士（PT）……… 152, 156, 168
陸軍現役将校配属令…………………38

理念的価値志向……………………… 106
歴史的方法……………………………76
老人医療費支給制度………………… 162
老人福祉法………… 119, 162, 167, 168, 171
老人保健福祉計画………………… 161, 171
老人保健法………………… 162, 167, 168
老人問題………… 20, 24, 107, 118, 119
老年文化…………………………… 105, 107

《著者紹介》

山下袈裟男（やました・けさお）

　1924年　生まれ
　1955年　東洋大学大学院文学研究科社会学専攻修士課程修了
　1970年　東洋大学社会学部教授
　1994年　淑徳大学社会学部教授
　現　在　東洋大学名誉教授
　著　書　『社会福祉論』（共編著）川島書店，1977年
　　　　　『老人福祉―その現実と政策課題』（編著）川島書店，1983年
　　　　　『概説老人福祉』（共編著）ミネルヴァ書房，1987年
　　　　　『高齢者の福祉』（編著）放送大学教育振興会，1991年
　　　　　『転換期の福祉政策』（編著）ミネルヴァ書房，1994年
　　　　　『日本社会論の再検討―到達点と課題』（監修　東洋大学白山社会学会編）未来社，1995年
　　　　　『戦後の社会変動と高齢者問題―実証的研究の軌跡』ミネルヴァ書房，1998年
　　　　　『在宅ケア論』（編著）みらい，2001年

地域社会の変容と福祉研究

2004年10月20日　初版第1刷発行　　　　〈検印廃止〉

定価はカバーに
表示しています

著　者	山　下　袈　裟　男
発　行　者	杉　田　啓　三
印　刷　者	江　戸　宏　介

発行所　株式会社　ミネルヴァ書房
607-8494　京都市山科区日ノ岡堤谷町1
電話 075-581-5191／振替 01020-0-8076

© 山下袈裟男, 2004　　　　共同印刷工業・新生製本

ISBN4-623-04113-1
Printed in Japan

山下袈裟男 著

戦後の社会変動と高齢者問題
―実証的研究の軌跡―

Ａ５判上製・定価5250円

21世紀の課題・高齢者問題が戦後どのような形で現れてきたか，各年代の福祉政策に何が求められてきたかを農村部・都市部の地域社会の変貌とかかわらせた調査研究から明らかにし，21世紀の高齢者福祉の課題を提起する。

山下袈裟男 編著

転換期の福祉政策
―在宅福祉サービスをめぐる検証―

Ａ５判上製・3262円

ゴールドプランの策定，福祉関係八法改正により，地域・自治体を基盤にした福祉サービスの推進が問われる局面を迎え，各地の在宅福祉サービスの先駆的実践を検証し，地方の時代の福祉の今後をきずこうとする。

──── ミネルヴァ書房 ────
http://www.minervashobo.co.jp/